VAMOS APRENDER

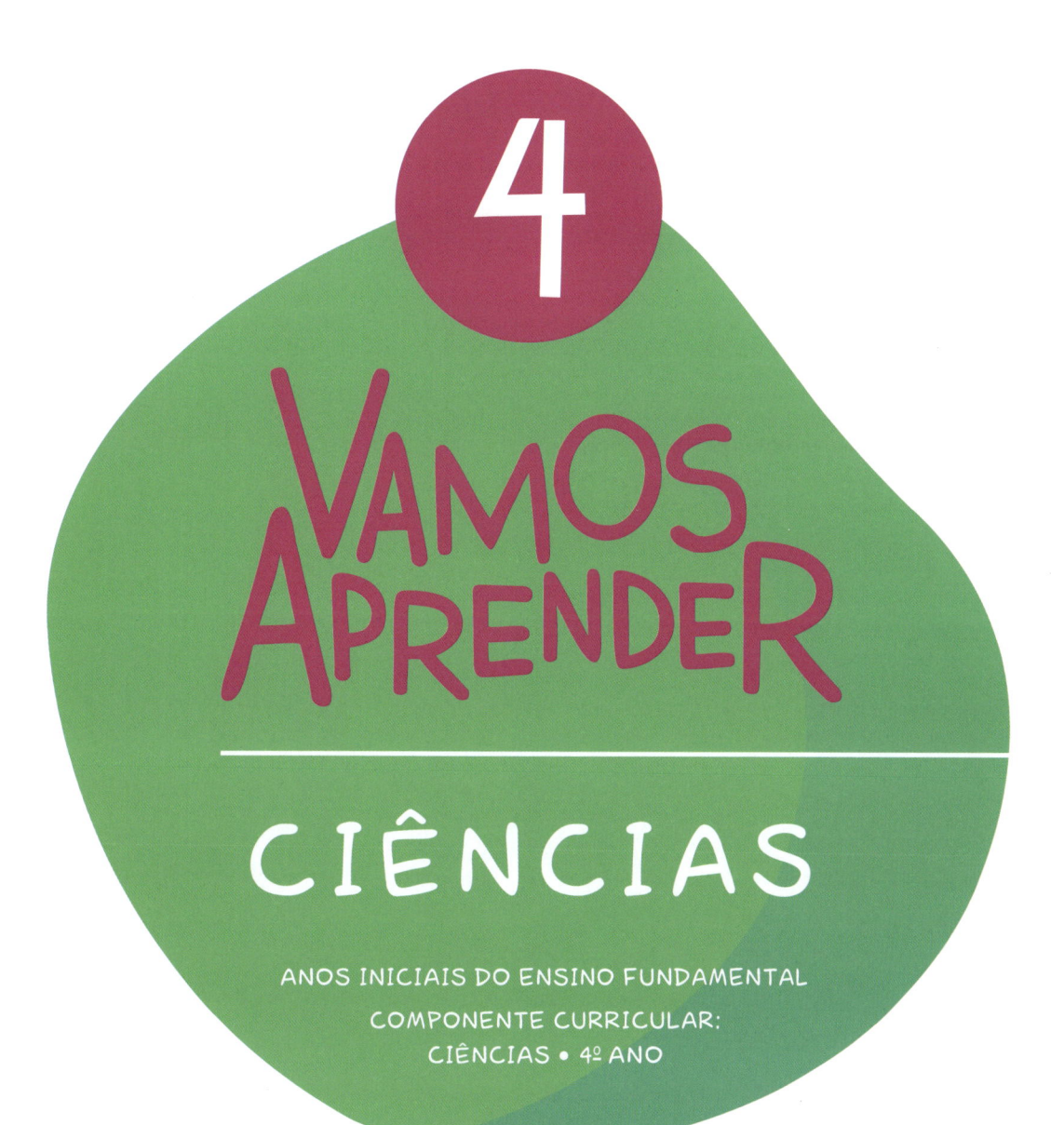

4

CIÊNCIAS

ANOS INICIAIS DO ENSINO FUNDAMENTAL
COMPONENTE CURRICULAR:
CIÊNCIAS • 4º ANO

Vanessa Michelan
Bacharela e licenciada em Ciências Biológicas pela Universidade Estadual de Londrina (UEL-PR).
Mestra em Genética e Biologia Molecular pela UEL-PR.
Especialista em Ensino de Ciências Biológicas pela UEL-PR.
Autora de livros didáticos para o Ensino Fundamental.
Realiza trabalhos de assessoria pedagógica no desenvolvimento de materiais didáticos para o Ensino Fundamental.

São Paulo, 1ª edição, 2017

sm

Vamos aprender Ciências 4
© Edições SM Ltda.
Todos os direitos reservados

Direção editorial	M. Esther Nejm
Gerência editorial	Cláudia Carvalho Neves
Gerência de *design* e produção	André Monteiro
Coordenação de *design*	Gilciane Munhoz
Coordenação de arte	Melissa Steiner Rocha Antunes, Ulisses Pires
Coordenação de iconografia	Josiane Laurentino
Coordenação de preparação e revisão	Cláudia Rodrigues do Espírito Santo
Suporte editorial	Alzira Bertholim Meana
Produção editorial	Scriba Soluções Editoriais
Supervisão de produção	Priscilla Cornelsen Rosa
Edição	Kelly Cristina dos Santos, Ana Carolina Ferraro, Natália Naranjo
Preparação de texto	Viviane Teixeira Mendes
Revisão	Claudia Maietta, Liliane Pedroso
Edição de arte	Mary Vioto, Barbara Sarzi, Janaina Oliveira
Pesquisa iconográfica	André Silva Rodrigues, Soraya Pires Momi
Tratamento de imagem	José Vitor E. Costa
Capa	João Brito, Carla Almeida Freire
Imagem de capa	Fernando Volken Togni
Projeto gráfico	Marcela Pialarissi, Rogério C. Rocha
Editoração eletrônica	Renan Fonseca
Fabricação	Alexander Maeda
Impressão	Pifferprint

Em respeito ao meio ambiente, as folhas deste livro foram produzidas com fibras obtidas de árvores de florestas plantadas, com origem certificada.

Dados Internacionais de Catalogação na Publicação (CIP)
(Câmara Brasileira do Livro, SP, Brasil)

Michelan, Vanessa Silva
 Vamos aprender ciências, 4º ano : ensino
fundamental, anos iniciais / Vanessa Silva
Michelan. – 1. ed. – São Paulo : Edições SM, 2017.

 Suplementado pelo manual do professor.
 Bibliografia.

 ISBN 978-85-418-1956-5 (aluno)
 ISBN 978-85-418-1957-2 (professor)

 1. Ciências (Ensino fundamental) I. Título.

17-11057 CDD-372.35

Índices para catálogo sistemático:
1. Ciências : Ensino fundamental 372.35

1ª edição, 2017
2ª impressão, 2019

Edições SM Ltda.
Rua Tenente Lycurgo Lopes da Cruz, 55
Água Branca 05036-120 São Paulo SP Brasil
Tel. 11 2111-7400
edicoessm@grupo-sm.com
www.edicoessm.com.br

APRESENTAÇÃO

Caro aluno, cara aluna,

Você sabia que a Ciências está presente em muitas situações de seu dia a dia? Pensando nisso, este livro foi elaborado para ajudar você a identificar e compreender melhor essas situações.

Nele, você e seus colegas realizarão atividades interessantes que permitem observar, investigar, refletir e discutir sobre diversos temas relacionados ao ambiente, ao corpo humano e à tecnologia.

Ao longo do livro você encontrará músicas, imagens, pinturas e histórias em quadrinhos que tornarão seu aprendizado mais divertido. A diversão também está garantida nas diversas atividades práticas preparadas para você desenvolver com seus colegas.

Desejo a você um ótimo ano de estudo.

SUMÁRIO

UNIDADE 1 — O planeta Terra 6

A Terra em movimento 7
- Movimento de rotação 7
  - Por dentro do tema
    - A lenda do dia e da noite 10
  - Movimento de translação 11

A Lua em movimento 12
- Pratique e aprenda 15

As estações do ano 16
- Investigue e aprenda 18
- Pratique e aprenda 20

UNIDADE 2 — Calor 22

Calor e temperatura 23
- Fontes de calor 24
  - Pratique e aprenda 25
- Materiais bons e materiais maus condutores de calor 26
  - Por dentro do tema
    - Campanhas do agasalho 28
  - Pratique e aprenda 29

Efeitos do calor 31
- Investigue e aprenda 34
- Pratique e aprenda 36

UNIDADE 3 — Água 38

Estados físicos da água 39
- Por dentro do tema
  - Máquinas a vapor 42
- Pratique e aprenda 43

A água dissolve materiais 45
- Investigue e aprenda 48
- Pratique e aprenda 49

Separação de misturas 51
- Por dentro do tema
  - Tratamento caseiro da água 52
- Investigue e aprenda 54
- Pratique e aprenda 56

UNIDADE 4 — Ar 58

Propriedades do ar atmosférico 59
- Umidade do ar 59
- Pressão atmosférica 60
- Temperatura do ar 62
  - Por dentro do tema
    - Aquecimento global 63
  - Investigue e aprenda 64
  - Pratique e aprenda 66

Previsão do tempo 68
- Pratique e aprenda 70

Vento 71
- Pratique e aprenda 73

UNIDADE 5 — Seres vivos microscópicos 75

O que são seres vivos microscópicos 76
- Bactérias 78
  - Por dentro do tema: Produção de insulina 79
- Protozoários 80
- Fungos 81
  - Por dentro do tema: A descoberta do antibiótico 84
  - Pratique e aprenda 85
  - Para fazer juntos! 87

UNIDADE 6 — Prevenindo doenças 88

O que é saúde 89
- Para fazer juntos! 89
- Pratique e aprenda 90

Doenças transmissíveis 91
- Por dentro do tema: Todos devem contribuir 94
- Verminoses 95
- Vacinação 96
  - Por dentro do tema: A primeira vacina 97
  - Pratique e aprenda 98

Doenças não transmissíveis 100
- Pratique e aprenda 101

UNIDADE 7 — Os seres vivos no ambiente 104

Relações alimentares entre os seres vivos 105
- Cadeia alimentar 108
  - Investigue e aprenda 112
  - Pratique e aprenda 114
  - Por dentro do tema: Controle biológico na agricultura 116
  - Pratique e aprenda 117

UNIDADE 8 — Corpo humano 119

Organização do corpo humano 120
- Para fazer juntos! 120
- Célula 122
- Tecidos 124
- Órgãos 125
  - Pratique e aprenda 126

Sistemas do corpo humano 127
- Para fazer juntos! 127
- Divirta-se e aprenda 129
- Por dentro do tema: Problemas na coluna vertebral 136
- Pratique e aprenda 138

Glossário 141
Bibliografia 144

Conheça os ícones

- Responda à atividade oralmente.
- Escreva a resposta no caderno.
- Encontre o significado e mais informações sobre o termo em destaque no glossário.

unidade 1
O planeta Terra

Planeta Terra e Sol vistos do espaço.

Ponto de partida

1. Na imagem acima, toda a superfície da Terra está sendo iluminada diretamente pelo Sol? Justifique sua resposta.

2. Relacione a resposta que você deu à questão anterior à ocorrência dos dias e das noites.

3. O que você acha que faz com que o Sol surja no horizonte de manhã e se ponha ao final da tarde?

A Terra em movimento
Movimento de rotação

Lisandra passou um dia de suas férias escolares na casa de sua avó. Ela se divertiu nos brinquedos do quintal da casa. Veja como foi esse dia.

No período da manhã, Lisandra aproveitou a sombra da árvore para brincar no escorregador. Próximo às 10 horas, ela percebeu que não havia mais sombra sobre o escorregador e foi ler um livro dentro da casa da avó.

Representações sem proporção de tamanho. Cores-fantasia.

Quintal da casa da avó de Lisandra às 10 horas.

Ao meio-dia, após almoçar, Lisandra queria voltar a brincar no quintal, mas percebeu que não havia sombra em nenhum dos brinquedos. Por isso, ela continuou a ler seu livro.

Quintal da casa da avó de Lisandra ao meio-dia.

Por volta das 16 horas, Lisandra voltou a brincar no quintal. Dessa vez, ela viu que a sombra da árvore estava sobre o cavalinho de madeira.

POR QUE A SOMBRA MUDOU DE POSIÇÃO COM O PASSAR DAS HORAS?

Quintal da casa da avó de Lisandra às 16 horas.

1. Como você responderia à questão de Lisandra?

2. O que acontece com o Sol no início da noite?

Durante o dia, geralmente temos a impressão de que o Sol muda de posição no céu com o passar das horas. De manhã, aparentemente o Sol surge no horizonte na direção leste e, ao final da tarde, se põe na direção oeste.

Isso ocorre porque a Terra gira em torno de um eixo imaginário, em um movimento chamado **rotação**. Esse movimento nos dá a impressão de que é o Sol que se move no céu durante o dia. No entanto, quem se move é a Terra.

O movimento de rotação da Terra faz com que as sombras dos objetos mudem de posição ao longo do dia, como ocorreu com a sombra da árvore e dos brinquedos.

Representação sem proporção de tamanho. Cores-fantasia.

eixo de rotação da Terra

Representação do movimento de rotação da Terra.

A ocorrência dos dias e das noites também é uma consequência do movimento de rotação da Terra. Para dar uma volta completa em torno de si mesma, a Terra demora cerca de **24** horas, o que corresponde a um dia terrestre.

Veja a seguir como ocorrem os dias e as noites.

Representações sem proporção de tamanho. Cores-fantasia.

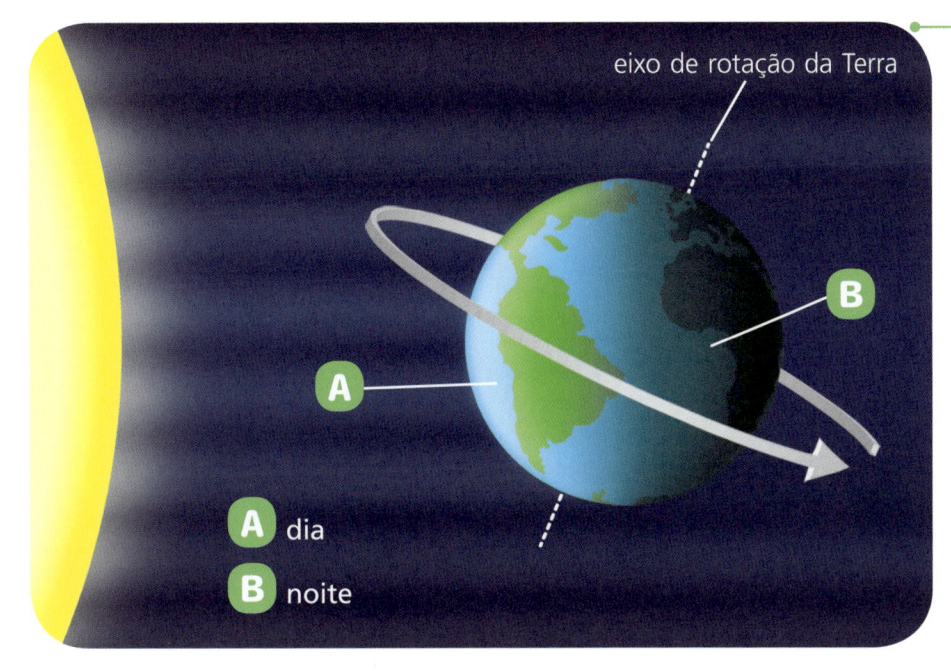

Em **A**, na parte da superfície da Terra que recebe luz solar diretamente, é dia, enquanto em **B**, na parte da Terra que não recebe luz solar diretamente, é noite.

A dia
B noite

Representação da ocorrência dos dias e das noites no planeta Terra.

3. Na ilustração acima, é dia ou é noite no Brasil? Por quê?

Mas, afinal, como é possível a sucessão dos dias e das noites? Veja abaixo.

À medida que a Terra realiza seu movimento de rotação, a parte **A** deixa de receber a luz solar diretamente, onde passa a ser noite. Já a parte **B** passa a receber a luz solar diretamente e ocorre o dia.

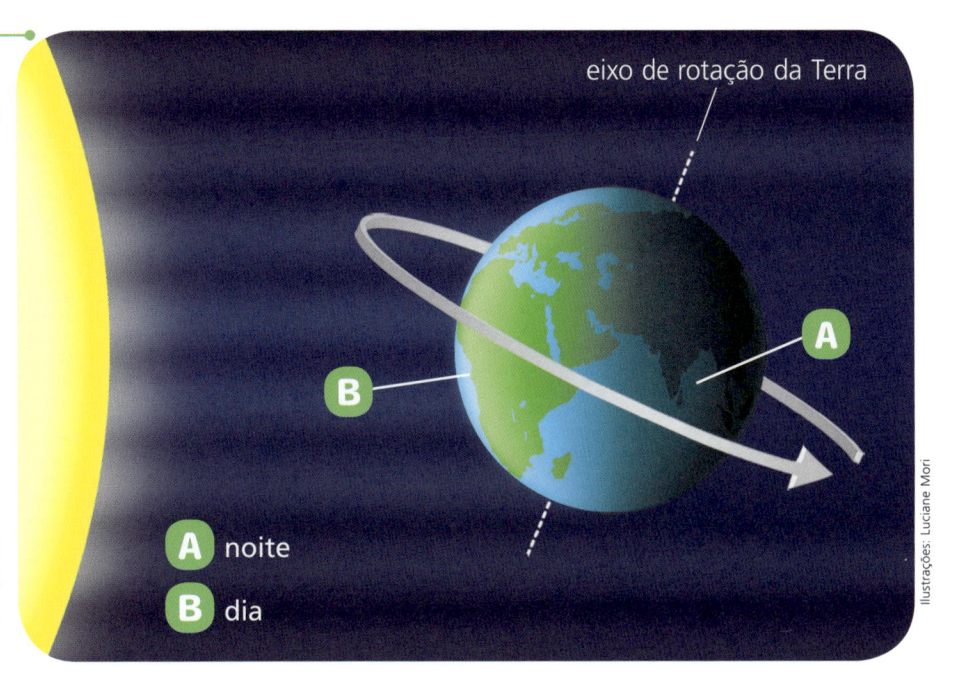

Representação da ocorrência dos dias e das noites no planeta Terra.

A noite
B dia

Nove **9**

Por dentro do tema

Diversidade cultural

A lenda do dia e da noite

Existe uma lenda entre os indígenas Karajá sobre o dia e a noite. De acordo com essa lenda, no começo do mundo só existia o dia. A noite estava aprisionada dentro de um coco de tucumã, que se encontrava nas profundezas dos rios. Esse coco era vigiado pela Boiuna, uma grande serpente.

frutos soltos

Tucumã: pode atingir cerca de 4,5 cm de diâmetro.

Tucumã.

Tuilá, filha de Boiuna, se casa com o índio Aruanã. Um dia, Aruanã diz a Tuilá que não consegue dormir porque não existia a noite. Tuilá entrega um chocalho mágico a Aruanã para que ele possa invocar Boiuna e, assim, encontrar a noite.

Boiuna entrega ao índio o coco de tucumã e diz que o fruto só poderá ser aberto na presença de Tuilá. Porém, durante a viagem, Aruanã abre o coco e tudo escurece.

Ao encontrar com sua esposa, ela o perdoa e cria o dia e a noite, com o Sol aparecendo durante o dia e a Lua e as estrelas presentes durante a noite.

Fonte de pesquisa: *A lenda do dia e da noite*, de Rui de Oliveira. São Paulo: FTD, 2014.

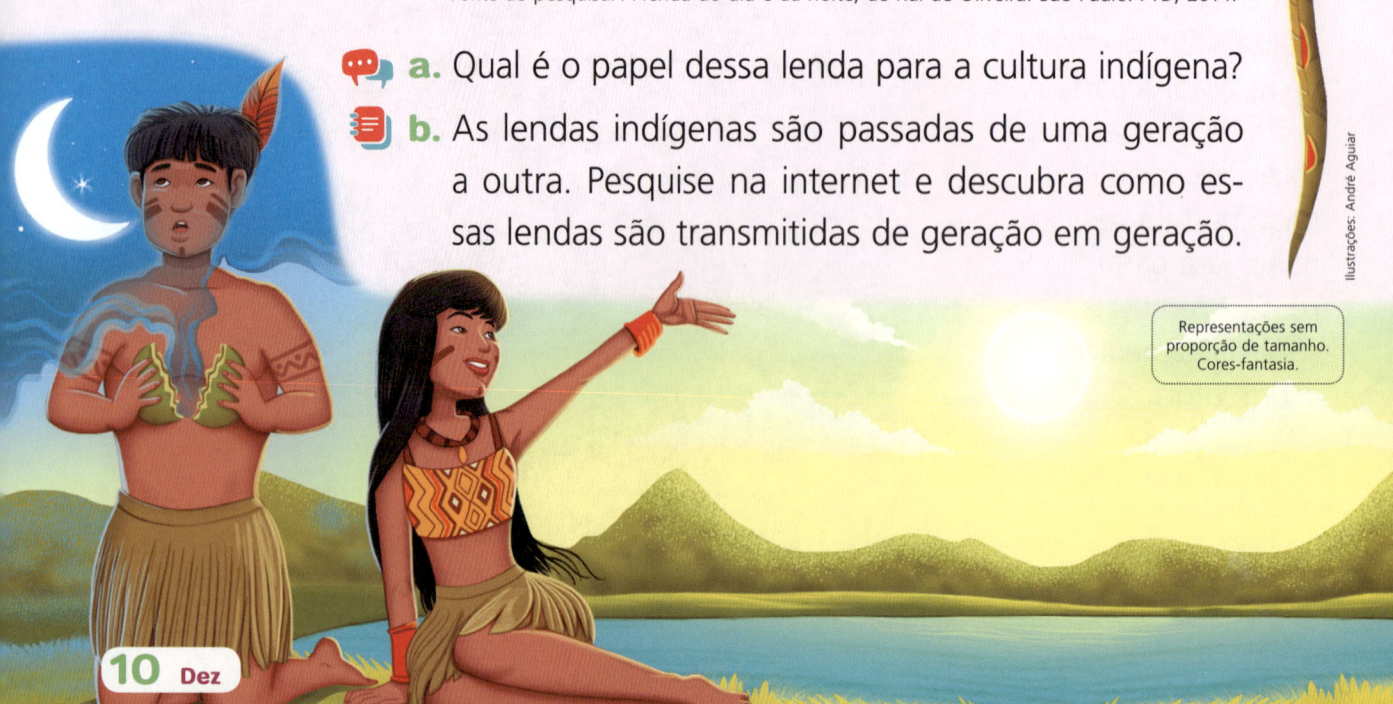

a. Qual é o papel dessa lenda para a cultura indígena?

b. As lendas indígenas são passadas de uma geração a outra. Pesquise na internet e descubra como essas lendas são transmitidas de geração em geração.

Representações sem proporção de tamanho. Cores-fantasia.

Movimento de translação

Ao mesmo tempo que a Terra realiza o movimento de rotação, ela também se move ao redor do Sol. Esse movimento se chama **translação**. Veja o esquema abaixo.

Representação sem proporção de tamanho. Cores-fantasia.

A Terra completa uma volta em torno do Sol em cerca de 365 dias.

Representação do movimento de translação da Terra. Esse esquema mostra a Terra em quatro posições ao redor do Sol

4. Observe em um calendário a quantidade de dias que um ano possui. Depois, relacione essa informação ao tempo que a Terra demora para dar uma volta completa ao redor do Sol. Converse com os colegas a respeito desse assunto.

Ano bissexto

O calendário que geralmente utilizamos tem 365 ou 366 dias, divididos em 12 meses. Você sabe por que essa quantidade de dias pode variar?

Essa variação ocorre porque o movimento de translação da Terra dura 365 dias e 6 horas. Isso significa que sobram 6 horas em cada ano.

A cada quatro anos, essas 6 horas restantes são somadas, obtendo-se o total de 24 horas, que corresponde a um dia terrestre.

Esse dia é acrescentado ao mês de fevereiro, que passa a ter 29 dias. Por isso, a cada quatro anos o ano terrestre tem duração de 366 dias e é chamado **ano bissexto**.

A Lua em movimento

Para realizar uma tarefa da escola, Renato observou a Lua durante quatro segundas-feiras consecutivas. Veja os desenhos que ele fez com base nessas observações.

A	B	C	D
Segunda-feira 03/06	Segunda-feira 10/06	Segunda-feira 17/06	Segunda-feira 24/06

Desenhos feitos por Renato.

Representações sem proporção de tamanho. Cores-fantasia.

💬 **1.** O que você percebeu em relação ao formato aparente da Lua durante as observações de Renato?

💬 **2.** Se Renato observasse a Lua na segunda-feira da semana posterior à do dia 24/06, com qual das imagens acima seu desenho se assemelharia?

Assim como nos desenhos que Renato fez, quando observamos a Lua da Terra, temos a impressão de que seu formato varia. No entanto, não é o formato da Lua que se altera, e sim a porção de sua face iluminada pelo Sol que conseguimos observar da Terra.

Para compreender melhor o que ocorre, lembre-se de que a Lua é um satélite natural, ou seja, é um astro que não emite luz própria e que gira ao redor de um planeta, nesse caso, a Terra.

A Lua leva cerca de 29 dias para dar uma volta completa em torno da Terra. Esse período é conhecido como **ciclo lunar**. Durante esse ciclo, observamos da Terra diferentes porções da face da Lua que são iluminadas pelo Sol. Por isso, observamos diferentes imagens da Lua no céu.

A Lua recebe nomes específicos em quatro momentos de seu ciclo: lua nova, quarto crescente, lua cheia e quarto minguante. Na lua nova, geralmente não conseguimos ver a imagem desse astro no céu.

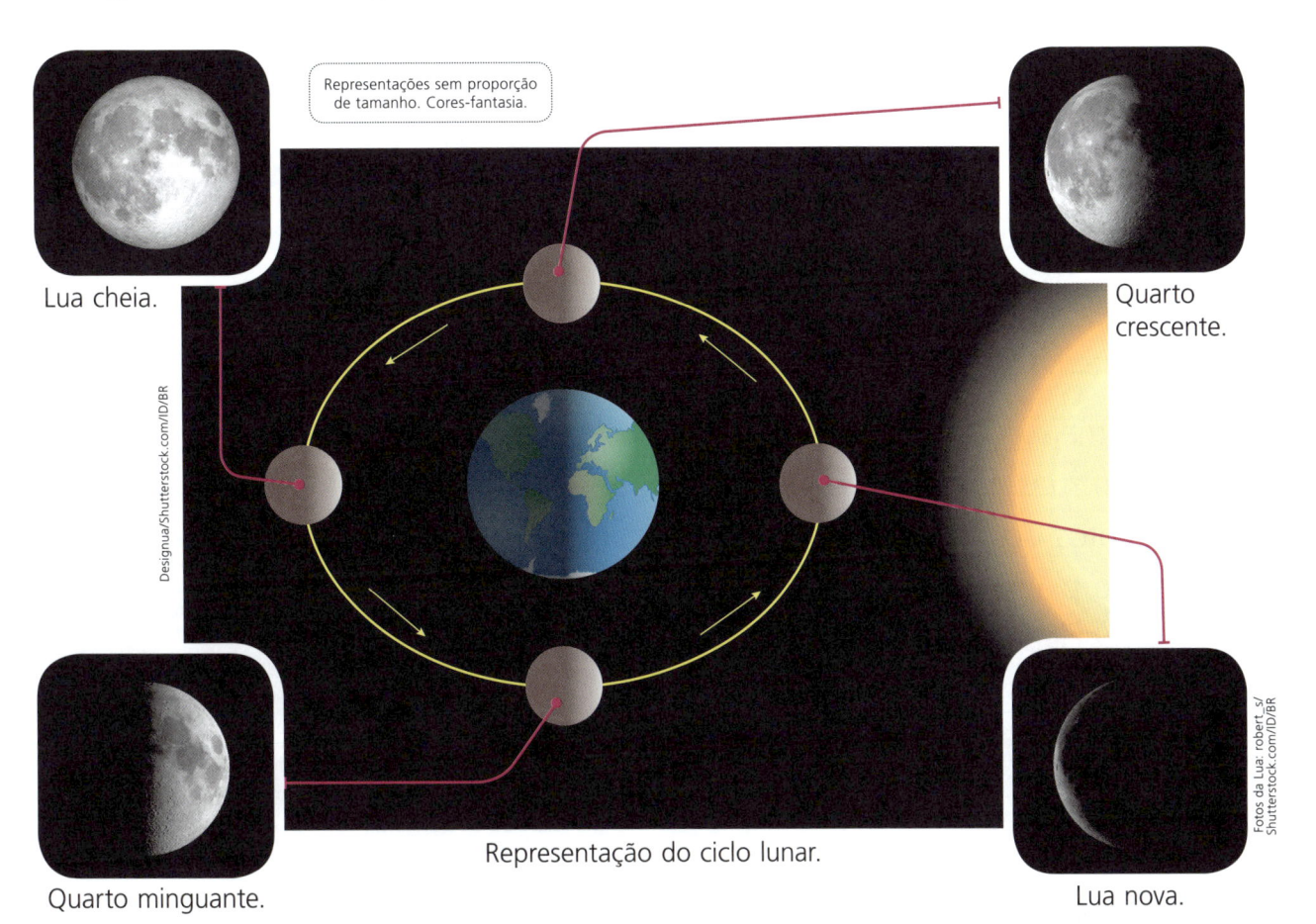

Representações sem proporção de tamanho. Cores-fantasia.

Lua cheia.

Quarto crescente.

Quarto minguante.

Lua nova.

Representação do ciclo lunar.

Aprenda mais!

Planetário

Que tal fazer uma viagem imaginária ao espaço?

Você pode realizar essa viagem visitando o planetário de seu município. Caso seu município não tenha um planetário, você pode realizar uma viagem virtual ao planetário do Rio de Janeiro.

<http://eravirtual.org/universo_pt/>.
Acesso em: 8 jan. 2018.

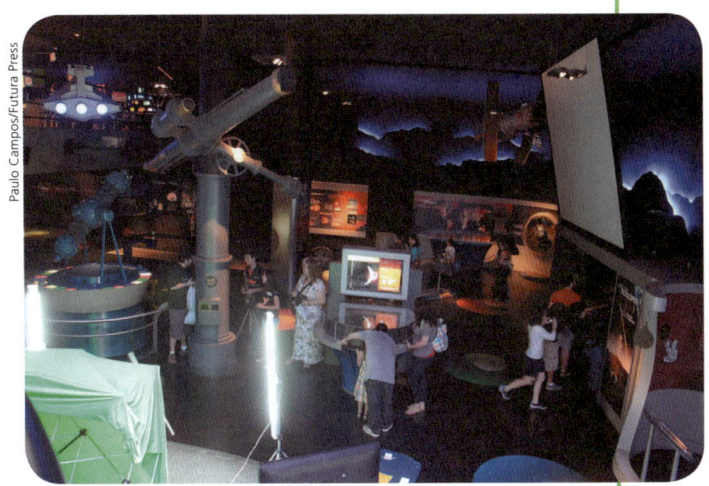

Vista do interior do Planetário da Gávea, no Rio de Janeiro, em 2013.

Diferentes tipos de calendários

Desde a pré-história, o ser humano sente a necessidade de contar os dias. Registros mostram que há cerca de 20 mil anos alguns povos caçadores da Europa faziam traços em pedaços de madeira e ossos, provavelmente registrando os dias entre os momentos da Lua.

Outros povos do passado também utilizaram as observações de astros, como a Lua e o Sol, para contar a passagem do tempo e construir calendários. Veja a seguir informações sobre alguns desses povos.

Maias

Os maias (2 000 a 1 500 a.C.) utilizaram suas observações sobre os movimentos dos astros, como o Sol, a Lua e o planeta Vênus, para construir seu calendário.

Calendário maia em pedra no Museu Nacional de Antropologia, México.

Egípcios

Inicialmente, o povo egípcio utilizava um calendário lunar. Porém, ao relacionar a posição do Sol no céu aos períodos de cheia do rio Nilo, perceberam que isso ocorria em ciclos de 365 dias. Possivelmente, a partir de 4 236 a.C., os egípcios passaram a utilizar um calendário com 365 dias.

Calendário egípcio na parede do Templo de Kom Ombo no Nilo, Egito.

Hebreus, gregos, romanos e os indígenas brasileiros também se baseavam no ciclo lunar para contar o tempo. Atualmente, o calendário mais utilizado no mundo, inclusive no Brasil, é o calendário gregoriano, um calendário solar adotado oficialmente pelo papa Gregório 13, em 1582.

Pratique e aprenda

1. Observe as cenas abaixo.

> Brasil – Dia 17 de outubro, às 13 h 30 min

> Japão – Dia 18 de outubro, à 01 h 30 min

MAMÃE, VAMOS LIGAR PARA A TIA VALÉRIA?

AGORA NÃO, MURILO. JÁ É MADRUGADA NO JAPÃO E A TIA DEVE ESTAR DORMINDO!

a. Explique por que, enquanto no Brasil é dia, no Japão é noite.

_____

_____

_____

b. Marque um **X** no movimento da Terra responsável pela ocorrência dos dias e das noites.

( ) Movimento de rotação.   ( ) Movimento de translação.

2. Anote no quadro ao lado o ano em que estamos. Depois, pesquise e responda às questões a seguir.

a. O ano atual é bissexto? Caso não seja, qual foi o último ano bissexto?

_____

b. Qual será o próximo ano bissexto?

_____

As estações do ano

As fotos abaixo mostram um mesmo ambiente em diferentes épocas do ano. Veja a seguir.

Ipê-roxo: pode atingir cerca de 30 m de altura.

Ipê-roxo no Pantanal no mês de janeiro.

Ipê-roxo no Pantanal no mês de maio.

Ipê-roxo no Pantanal no mês de julho.

Ipê-roxo no Pantanal no mês de setembro.

Fotos: Fabio Colombini/Acervo do fotógrafo

1. O que mudou no ambiente das imagens acima nos diferentes meses?
2. Como é o clima de onde você mora durante o inverno? E durante o verão?

Algumas características dos ambientes, como a temperatura, a quantidade de chuvas e a vegetação, podem variar durante o ano. Essas variações estão relacionadas à inclinação do eixo de rotação e ao movimento de translação da Terra.

A inclinação do eixo de rotação da Terra e seu movimento de translação fazem com que a luz solar atinja os hemisférios da Terra com diferentes intensidades. Essa variação de incidência da luz solar interfere em diversas características dos ambientes, resultando nas estações do ano: primavera, verão, outono e inverno. Veja o esquema a seguir.

Representação sem proporção de tamanho. Cores-fantasia.

20 ou 21 de março
- Hemisfério Norte: início da primavera.
- Hemisfério Sul: início do outono.

A luz solar atinge os dois hemisférios com praticamente a mesma intensidade.

22 ou 23 de dezembro
- Hemisfério Norte: início do inverno.
- Hemisfério Sul: início do verão.

A incidência de luz solar é mais intensa no hemisfério Sul do que no hemisfério Norte.

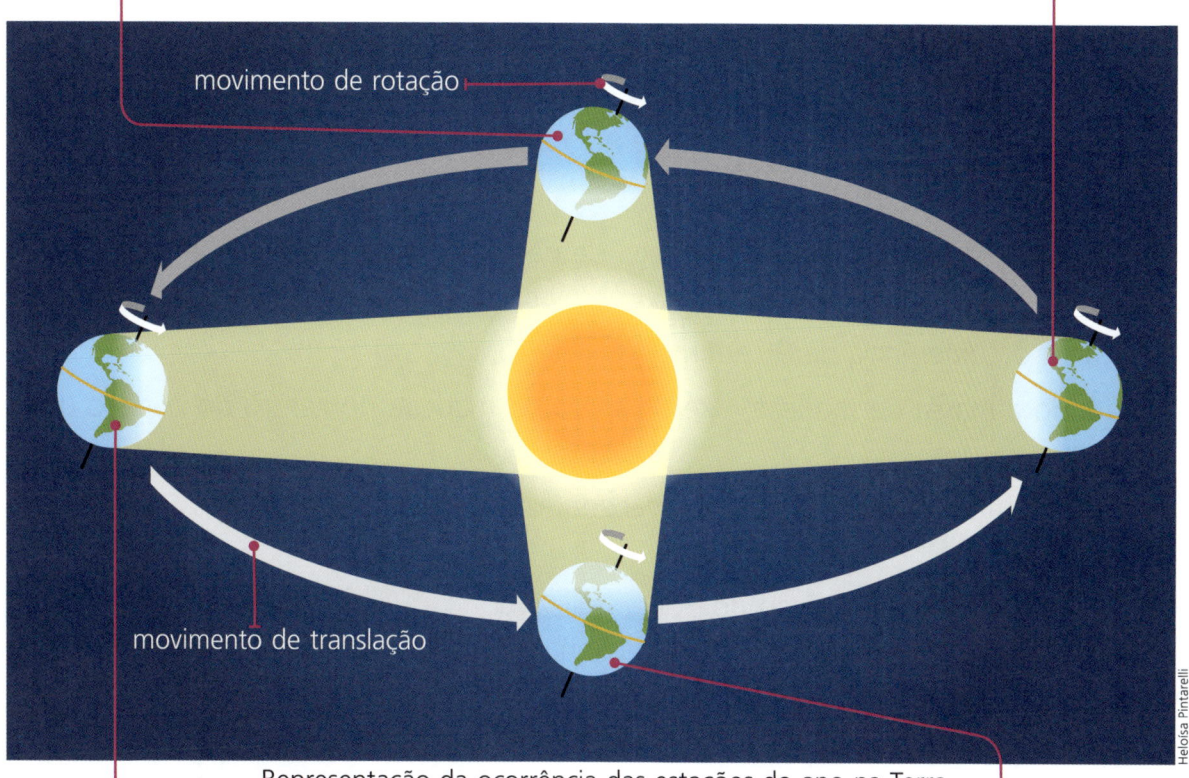

movimento de rotação

movimento de translação

Representação da ocorrência das estações do ano na Terra.

20 ou 21 de junho
- Hemisfério Norte: início do verão.
- Hemisfério Sul: início do inverno.

A incidência de luz solar é menos intensa no hemisfério Sul do que no hemisfério Norte.

22 ou 23 de setembro
- Hemisfério Norte: início do outono.
- Hemisfério Sul: início da primavera.

A luz solar atinge os dois hemisférios com praticamente a mesma intensidade.

As estações do ano não apresentam as mesmas características em todas as regiões brasileiras. Por exemplo, nas regiões Norte e Nordeste, é possível perceber uma época de chuvas e uma época de seca. Já nas regiões Sul e Sudeste, é possível diferenciar as quatro estações do ano.

Investigue e aprenda

> É POSSÍVEL DETERMINAR OS PONTOS CARDEAIS SEM UTILIZAR UMA BÚSSOLA? EM CASO POSITIVO, COMO VOCÊ ACHA QUE ISSO É POSSÍVEL?

Vou precisar de:

- espeto de madeira para churrasco;
- massa de modelar;
- pedaço quadrado de papelão, com lados medindo 20 centímetros;
- régua;
- compasso;
- lápis.

A Com a régua, meça o centro do pedaço de papelão e faça um **X** nesse local.

B Peça a um adulto que coloque a ponta-seca do compasso sobre o **X** e, em seguida, faça uma circunferência de 9 centímetros de raio.

C Utilizando a massa de modelar, fixe o espeto de madeira no centro do pedaço de papelão.

D Leve a estrutura para um local que receba luz solar diretamente das 9 horas às 15 horas.

E Às 9 horas, observe a posição do Sol e, utilizando a régua e o lápis, trace no papelão uma linha sobre a sombra projetada pelo espeto de madeira, marcando como ponto **A** o local em que a linha cruza a circunferência. Não mova o palito de madeira e mantenha a estrutura no local.

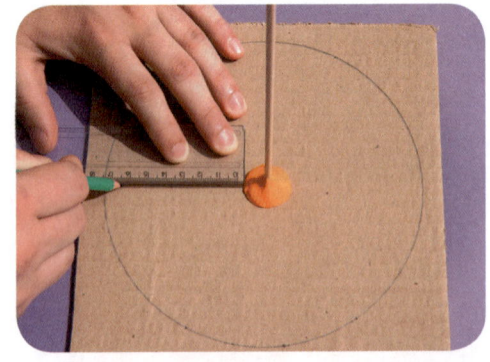

Foto que representa a etapa **E**.

F Retorne ao local da montagem às 15 horas. Observe a direção do Sol e, com o auxílio da régua e do lápis, trace outra linha sobre a sombra projetada pelo espeto de madeira. Marque como ponto **B** o local em que a linha cruza a circunferência.

Foto que representa a etapa **F**.

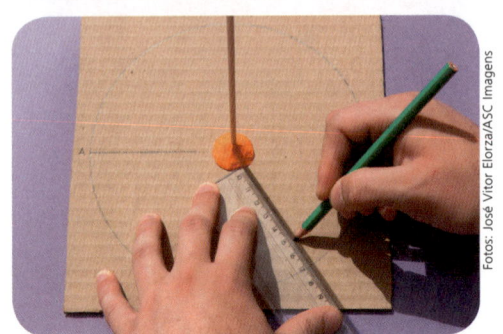

G Trace uma linha ligando os pontos **A** e **B**. Em seguida, encontre a metade do segmento de reta **A** e **B** e marque-o como ponto **C**.

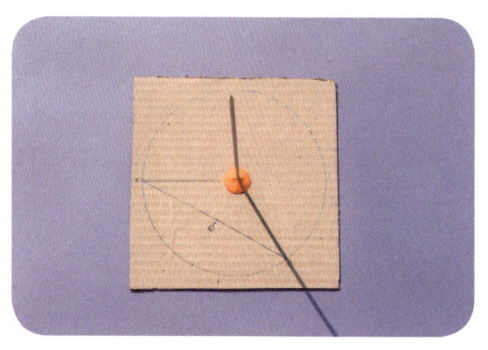

Foto que representa a etapa **G**.

H Trace uma linha que passe por **C** e pelo local onde o espeto está fixado. Essa nova linha indicará, aproximadamente, a direção **Norte** e **Sul** geográfica.

Foto que representa a etapa **H**.

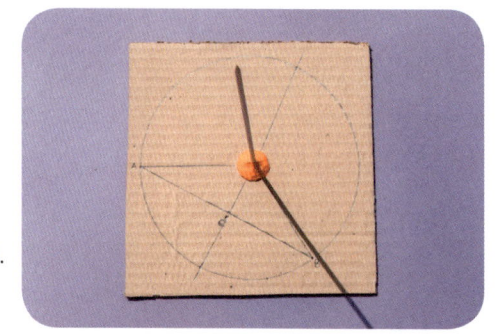

I Agora, trace uma linha perpendicular à linha que você traçou na etapa **H**. Essa linha indicará a direção **Leste** e **Oeste** geográfica.

Foto que representa a etapa **I**.

Fotos: José Vítor Elorza/ASC Imagens

Relatando o que observei

1. Identifique nas marcações realizadas nas etapas **H** e **I** os pontos cardeais restantes.
2. Qual é a direção aparente do Sol no início do período da manhã? E ao final do período da tarde?
3. Qual o nome do movimento da Terra que está diretamente relacionado com a mudança de posição da sombra projetada pelo espeto de madeira no decorrer do dia?
4. De que maneira poderíamos determinar a hora aproximada do dia, observando apenas a posição do Sol e da sombra projetada por um objeto?
5. Retome a resposta dada à questão do início da seção e verifique se você precisa complementá-la, após a observação dos resultados dessa atividade.

Pratique e aprenda

1. Leia o trecho da reportagem abaixo, publicada em 9 de fevereiro de 2017.

Tempestade de neve cancela mais de 2 800 voos nos Estados Unidos

Mais de 50 milhões de americanos sofrem nesta quinta-feira (9) com a tempestade de neve que está ocorrendo em 15 estados do Nordeste dos Estados Unidos. A tempestade está se intensificando e já provocou o cancelamento de mais de 2 800 voos domésticos e internacionais e outros 700 voos estão atrasados. As autoridades estão dando sucessivos avisos para que as famílias fiquem em casa. As aulas foram suspensas em Nova York, Boston, na Filadélfia e em várias outras cidades.

[...]

Tempestade de neve cancela mais de 2 800 voos nos Estados Unidos, de José Romildo. *Agência Brasil*, Brasília, 9 fev. 2017. Disponível em: <http://agenciabrasil.ebc.com.br/internacional/noticia/2017-02/estados-unidos-cancelam-mais-de-2800-voos-por-causa-da-neve>. Acesso em: 20 dez. 2017.

---

a. Circule a estação do ano na qual se encontram os Estados Unidos no mês de dezembro. Depois, sublinhe a estação do ano na qual se encontra o Brasil, nesse mesmo mês.

primavera   verão   outono   inverno

b. Cite algumas características da estação do ano observada no Brasil em dezembro.

_____

_____

c. Escolha as palavras entre parênteses que completam corretamente a sentença e as escreva nos espaços indicados.

O Brasil e os Estados Unidos se encontram em hemisférios _____ (diferentes/iguais). Em julho, quando no hemisfério Norte é _____ (verão/inverno), no hemisfério Sul é _____ (verão/inverno). Isso ocorre porque a luz solar incide com diferentes intensidades nesses hemisférios, graças à _____ (rotação/inclinação) da Terra.

2. As estações do ano influenciam as atividades que as pessoas realizam. Em regiões como a do Pantanal, as chuvas do verão fazem com que os rios transbordem, alagando grandes áreas. Nas estradas por onde passam carros na época da seca, passam barcos na época da cheia.

Pantanal na época da cheia em Poconé, Mato Grosso, em 2014.

- Cite de que maneira as estações do ano influenciam as atividades que as pessoas realizam na região onde você mora.

___

___

___

Ponto de chegada

1. Retorne às questões **2** e **3** da página **6** e relacione suas respostas ao movimento aparente do Sol no céu e à ocorrência dos dias e das noites.

2. Retorne às imagens das páginas **7** e **8** e explique o que ocorre com a sombra dos objetos expostos à luz solar, ao longo do dia. Explique também por que isso ocorre.

3. Retorne à questão **4** da página **11** e verifique se você responderia a ela da mesma maneira. Depois, relacione sua resposta à ocorrência dos anos bissextos.

4. Retorne à questão **6** da página **12** e verifique se é necessário corrigir ou complementar sua resposta. Em seguida, justifique sua resposta.

5. Observe novamente o esquema da página **17** e, a partir dele, explique com suas palavras como ocorrem as estações do ano.

unidade 2 — Calor

Ponto de partida

1. O que está gerando o calor do forno?
2. O que assou a *pizza*?
3. Em sua opinião, qual é a importância da estrutura do forno?

Forno de *pizza* a lenha.

Calor e temperatura

Renata fez um alimento conhecido como curau ou jimbelê. O principal ingrediente desse alimento é o milho ralado.

Após o preparo, o curau estava muito quente para ser servido. Por isso, ela resolveu esfriá-lo colocando a panela com o alimento em uma bacia com água.

Após 15 minutos, Renata percebeu que o curau já estava a uma temperatura adequada para ser servido. Ela percebeu também que a temperatura da água da bacia aumentou.

Renata verificando a temperatura do curau após 15 minutos do preparo.

1. Em sua opinião, por que a temperatura do curau diminuiu?

Na situação anterior, ocorreu a transferência de um tipo de energia do corpo com maior temperatura (panela e curau) para o de menor temperatura (água). Essa energia transferida é chamada **calor**.

A transferência de calor ocorre até que os corpos atinjam a mesma temperatura, situação chamada **equilíbrio térmico**. O calor pode ser transferido de um corpo para outro de diferentes maneiras. Veja alguns exemplos.

Imagens sem proporção entre si.

O calor pode ser transferido pelo **contato** entre corpos com diferentes temperaturas, como no caso da panela sobre a chama de um fogão e no contato entre o alimento e o fundo da panela.

O calor também pode ser transferido de um corpo para outro por meio da **radiação**, como em um churrasco fogo de chão. Nesse tipo de transferência de calor, não é necessário que os corpos estejam em contato um com o outro.

Vinte e três **23**

Fontes de calor

Para continuar o estudo do calor, vamos considerar a situação do churrasco fogo de chão, apresentado na página anterior.

💬 **2.** O que fornece o calor que está assando a carne?

💬 **3.** Cite uma comida típica da região onde você mora.

Churrasco fogo de chão em Campinas, São Paulo, em 2017.

Na situação acima, o fogo proveniente da queima da lenha fornece calor à carne, assando-a. Todo corpo que fornece calor a outro corpo é chamado **fonte de calor**. Dessa maneira, o fogo é considerado uma fonte de calor.

O Sol é considerado uma fonte natural de calor. Ele fornece calor à Terra, auxiliando na manutenção da temperatura do planeta adequada à vida.

O ser humano pode obter calor por meio de fontes artificiais, de diferentes maneiras. Veja dois exemplos a seguir.

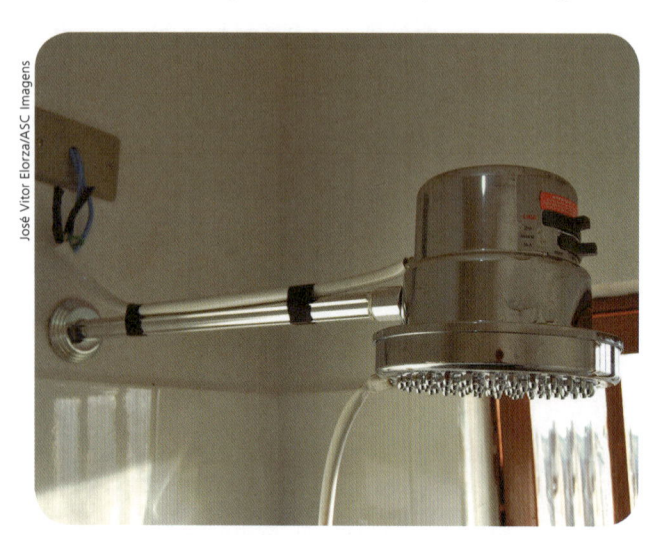

Imagens sem proporção entre si.

No **chuveiro elétrico**, o calor que aquece a água é obtido a partir da transformação da energia elétrica em energia térmica.

No **aquecedor a gás**, o calor que aquece a água é obtido a partir da queima do gás de cozinha, transformando energia química em energia térmica.

💬 **4.** Agora é sua vez. Esfregue várias vezes a palma de uma mão na outra. O que você percebeu?

Pratique e aprenda

1. No interior da Terra, existe um material formado por rochas derretidas e que se encontra em altas temperaturas. Esse material é chamado magma.

   Quando o magma encontra aberturas que atingem a superfície da Terra, ele pode extravasar, formando os vulcões.

   Erupção do vulcão Etna, na Sicília, Itália, em 2017.

   a. O interior da Terra é uma fonte natural ou artificial de calor? Marque um **X** na resposta correta.

   ◯ Fonte artificial de calor.   ◯ Fonte natural de calor.

   b. O calor proveniente do interior da Terra pode ser utilizado pelo ser humano em algumas aplicações. Pesquise e escreva em seu caderno uma delas. Em seguida, apresente oralmente sua pesquisa aos colegas.

2. A pessoa que aparece na foto ao lado está utilizando um aquecedor elétrico para se aquecer no inverno.

   a. Qual é a fonte de calor desse equipamento? Ela é natural ou artificial?

   _____

   _____

   Pessoa se aquecendo com o auxílio de um aquecedor elétrico.

   b. De que maneira o calor da fonte está sendo transferido à pessoa? Marque um **X** na resposta correta.

   ◯ Por contato.   ◯ Por radiação.

Materiais bons e materiais maus condutores de calor

Daniel está preparando uma torta. Para retirar a forma do forno, ele utilizou uma luva térmica.

luva térmica

Daniel retirando a forma de torta do forno utilizando uma luva térmica.

💬 **1.** Para que serve a luva térmica?

💬 **2.** O que aconteceria se Daniel pegasse a forma diretamente com as mãos?

Na situação acima, a forma que estava no forno encontrava-se em alta temperatura. A luva térmica dificultou a transferência de calor da forma para as mãos de Daniel, evitando queimaduras. Isso ocorre porque as luvas térmicas são feitas com **materiais maus condutores de calor**, ou seja, materiais que dificultam a transferência de calor. Plástico, borracha, isopor, ar e madeira são exemplos de maus condutores de calor.

Caso Daniel tocasse a forma diretamente com as mãos, o calor da forma seria transferido para suas mãos e, certamente, ele sofreria queimaduras. Isso ocorre porque o metal da forma é um **material bom condutor de calor**, ou seja, é um material que favorece a transferência de calor.

💬 **3.** Toque com uma das mãos um objeto metálico que esteja no interior de sua sala de aula e que não receba luz solar diretamente. Em seguida, com a mesma mão, toque um objeto de madeira que também esteja protegido da incidência direta de luz solar na sala de aula. O que você percebeu?

4. Explique por que o fundo das panelas geralmente é produzido com material bom condutor de calor.

Geralmente, os materiais bons condutores de calor são utilizados em situações em que se necessita transferir calor entre os corpos, como na preparação de alimentos.

O alumínio é um bom condutor de calor. Esse material transfere o calor proveniente da chama do fogão para o alimento.

A baquelita é um mau condutor de calor. Esse material evita que as pessoas sofram queimaduras ao segurar a panela pelo cabo.

Panela sobre a chama de um fogão.

Os materiais maus condutores de calor geralmente são utilizados em situações em que é necessário evitar a transferência de calor. Como exemplo, podemos citar o uso de caixas e garrafas térmicas de isopor que ajudam a conservar a temperatura de alimentos e bebidas.

Imagens sem proporção entre si.

Recipiente térmico de isopor contendo alimento.

Cobertores

É comum ouvirmos as pessoas dizerem que um cobertor nos aquece. No entanto, eles não são capazes de gerar calor.

Os cobertores são feitos de materiais maus condutores de calor e que aprisionam ar entre as fibras do tecido. O material do cobertor e o ar entre as fibras diminuem a transferência de calor do nosso corpo (fonte de calor) para o ambiente, nos mantendo aquecidos.

Criança utilizando cobertor.

Por dentro do tema

Vida familiar e social

Campanhas do agasalho

Leia o trecho da reportagem abaixo.

Onde campanhas de agasalho não chegam, união é arma contra o frio

Uma nova frente fria chegou a Mato Grosso do Sul, ótima hora de tirar casacos e cobertores do armário para garantir noites quentes e confortáveis. Quem dera. Em alguns pontos da periferia de Campo Grande, moradores continuam sem ter como se proteger da mudança no clima, à espera do resultado de alguma campanha do agasalho.

[...]

Onde campanhas de agasalho não chegam, união é arma contra o frio, de Marcus Moura. *Campo Grande News*, Campo Grande, 9 jun. 2017. Disponível em: <https://www.campograndenews.com.br/cidades/capital/ondecampanhas-de-agasalho-nao-chegam-uniao-e-arma-contra-o-frio>. Acesso em: 28 dez. 2017.

Em muitos municípios brasileiros, o inverno apresenta baixas temperaturas, sendo necessário utilizar cobertores e peças de vestuário adequadas para se manter aquecido. Porém, nem todas as pessoas têm acesso a esses objetos.

Para possibilitar que mais pessoas se mantenham aquecidas nos períodos mais frios do ano, são realizadas campanhas que visam recolher peças de vestuário e cobertores e distribuí-los para quem precisa.

Doar roupas e cobertores é um ato de solidariedade. Além de você realizar essas doações, é importante incentivar outras pessoas a doar.

a. Você já ouviu falar em Campanha do agasalho? Comente com os colegas sobre a importância dessas campanhas.

b. Você já participou de alguma campanha do agasalho ou já doou roupas em alguma situação? Conte aos colegas.

Pessoa doando peça de roupa em uma campanha do agasalho realizada na cidade de São Paulo, em 2017.

Pratique e aprenda

1. Observe os objetos das fotos a seguir e escreva nos locais indicados a letra **B** para os materiais bons condutores de calor e a letra **M** para os materiais maus condutores de calor.

Imagens sem proporção entre si.

A Concha.

B Ferro de passar roupas.

C Espeto de churrasco.

D Sanduicheira elétrica.

2. Nas geladeiras, o espaço entre as paredes interna e externa é preenchido por materiais maus condutores de calor. Veja a seguir.

a. Qual é a importância de esses materiais de preenchimento serem maus condutores de calor?

_____
_____
_____

b. Converse com um colega sobre por que devemos deixar as geladeiras abertas somente o tempo necessário para pegar ou guardar os alimentos.

Imagem sem proporção de tamanho.

parede externa — parede interna — camada de material mau condutor de calor

Representação de uma geladeira aberta mostrando a camada de material mau condutor de calor.

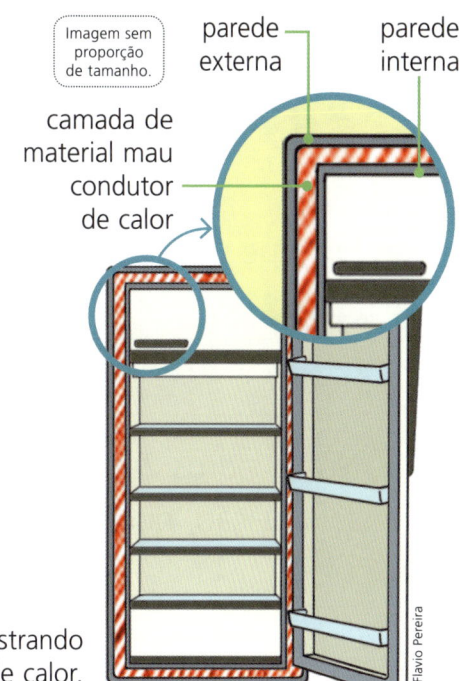

3. Vanessa e sua família farão um piquenique em um parque. Eles vão levar sucos gelados, sanduíches e frutas. Marque um **X** no recipiente mais adequado para a família de Vanessa transportar os sucos e mantê-los gelados por mais tempo.

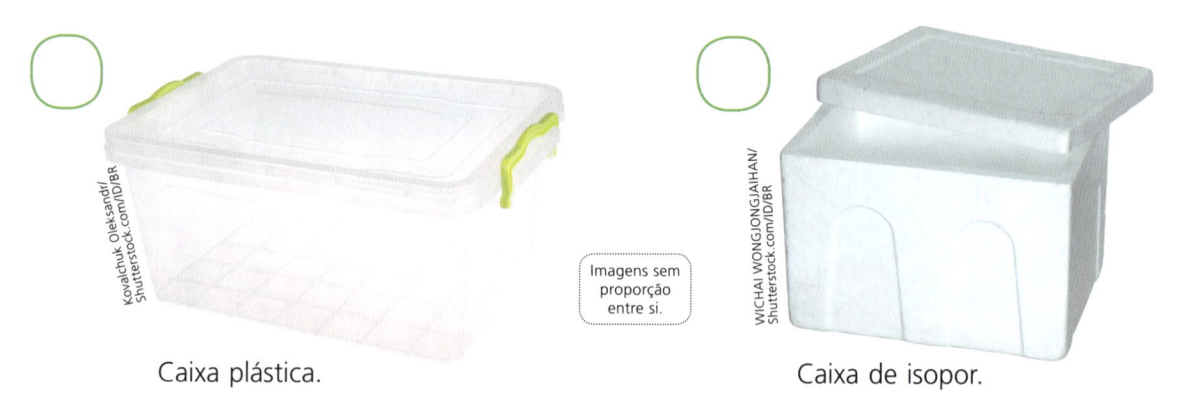

○ Caixa plástica.

○ Caixa de isopor.

Imagens sem proporção entre si.

- Justifique por que você escolheu esse recipiente.

_____

_____

4. Leia a tira abaixo.

Quadro 1: DETESTO CHÃO FRIO.
Quadro 2: NINGUÉM GOSTA DE CHÃO FRIO.
Quadro 3: MAS NÓS GATOS SOMOS MAIS SENSÍVEIS...

Garfield de bom humor n. 6, de Jim Davis. Porto Alegre: L&PM, 2006. p. 19.

a. Por que Garfield não sentia o chão frio quando estava na caixa?

_____

_____

b. Nos quadros **2** e **3**, Garfield sentia que o chão estava frio ao tocá-lo. Nessa situação, quem estava com maior temperatura, o chão ou Garfield?

_____

_____

Efeitos do calor

Quando um corpo recebe ou cede calor, podem ocorrer alguns efeitos, como alteração em sua temperatura, mudança de estado físico e mudanças em suas dimensões.

Para compreender melhor esses efeitos, vamos considerar as situações **1** e **2** a seguir.

> **Situação 1**: Sérgio colocou uma panela com água sobre a chama do fogão para fazer chá. Ao receber calor proveniente da chama, a temperatura da água aumentou gradativamente, de 26 °C até atingir cerca de 100 °C, quando entrou em ebulição. Sérgio, então, colocou um pouco dessa água em uma xícara com os sachês de chá.

Sérgio esperando a água da chaleira aquecer.

A situação anterior nos mostra que, quando um corpo recebe calor, pode ocorrer aumento de sua temperatura. Foi o que aconteceu com a água, que passou de 26 °C para 100 °C.

1. Cite uma situação de seu cotidiano em que podemos perceber o aumento da temperatura de um corpo quando ele recebe calor.

Além disso, a situação acima nos mostra outro efeito do calor, a mudança de estado físico. Enquanto a água recebeu calor da chama do fogão, ela passou do estado físico líquido para o gasoso, o que se intensificou quando a água entrou em ebulição.

Entre as mudanças de estado físico da matéria, podemos citar a fusão, a vaporização, a condensação e a solidificação.

sólido → (fusão) → líquido → (vaporização) → gasoso
gasoso → (condensação) → líquido → (solidificação) → sólido

2. Cite uma situação do seu cotidiano em que podemos perceber a mudança de estado físico de um corpo quando ele recebe ou cede calor.

Transformações reversíveis e irreversíveis

As mudanças de estados físicos da matéria são transformações físicas **reversíveis**, ou seja, que podem retornar ao estado físico inicial, observado antes de ceder ou receber calor. A água no estado físico líquido, por exemplo, ao ceder calor, pode se solidificar e, ao receber calor, ela pode voltar ao estado físico líquido novamente.

No entanto, existem transformações que não pode ser revertidas, como é o caso de um ovo frito ou cozido. Essas transformações são chamadas **irreversíveis**. Veja abaixo.

Após receber calor, o ovo sofre transformações que alteram suas características, como a consistência e a cor. Após cozido, o ovo não pode voltar a ter novamente as características que tinha antes de receber calor.

A — Ovo em estado natural.

B — Ovo após ser cozido em água fervente.

- Cite outro exemplo de transformação irreversível.

Além da variação de temperatura e das mudanças de estados físicos, quando um corpo recebe ou cede calor, ele pode sofrer alterações em suas dimensões. Isso pode ocorrer com corpos em estado físico líquido, sólido ou gasoso.

Situação 2

A Em uma terça-feira, o termômetro da casa de Carina marcava a temperatura abaixo.

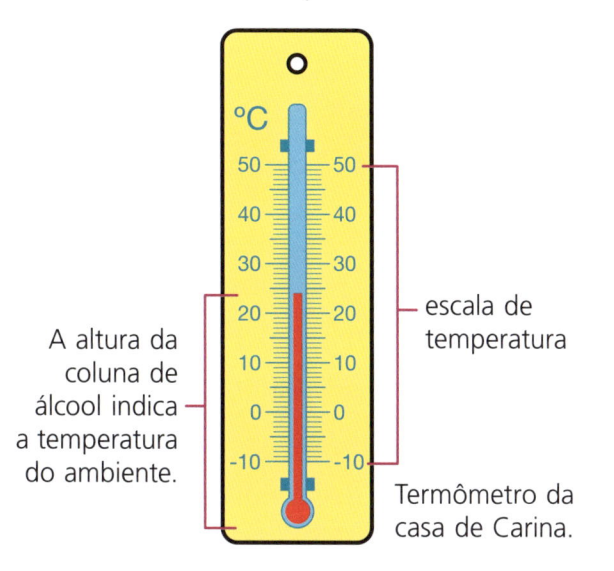

A altura da coluna de álcool indica a temperatura do ambiente.

escala de temperatura

Termômetro da casa de Carina.

B Na outra semana, Carina percebeu que os dias estavam mais quentes e verificou a temperatura abaixo.

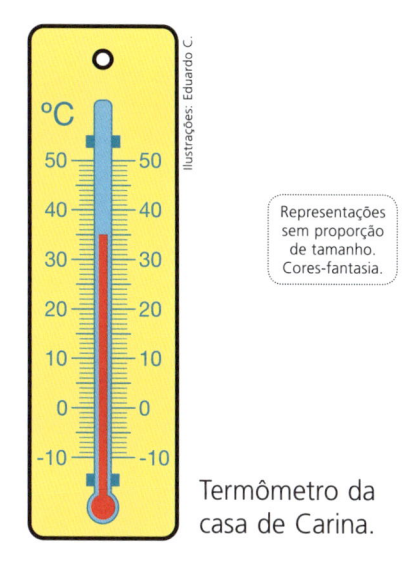

Representações sem proporção de tamanho. Cores-fantasia.

Termômetro da casa de Carina.

3. O que aconteceu com a coluna de álcool do termômetro de Carina quando a temperatura do ambiente aumentou?

O funcionamento do termômetro de álcool está relacionado ao efeito da dilatação e da contração dos materiais.

Quando um corpo recebe calor, ele tende a aumentar suas dimensões, efeito que chamamos **dilatação térmica**. Quando um corpo cede calor, ele tende a diminuir suas dimensões, efeito que chamamos **contração térmica**.

A propriedade de dilatação e de contração térmica deve ser levada em consideração ao se realizarem as construções, por exemplo. É comum observarmos espaços entre blocos de concreto nas calçadas e nas paredes de algumas construções. Esses espaços permitem que os blocos de concreto se dilatem sem danificar a construção.

Calçada de concreto com juntas de dilatação térmica.

junta de dilatação térmica

Investigue e aprenda

TODOS OS MATERIAIS TÊM A MESMA CAPACIDADE DE CONDUZIR CALOR? JUSTIFIQUE.

Vou precisar de:

- palito de madeira para churrasco;
- pedaço de arame com cerca de 25 cm de comprimento;
- papel-alumínio;
- tijolo;
- 2 velas;
- caixa de fósforo;
- fita-crepe;
- régua;
- caneta para retroprojetor.

A Coloque o pedaço de arame e o palito de madeira próximo à régua. Utilizando a caneta, faça marcações a cada 5 cm, ao longo de todo o comprimento de ambos os materiais.

B Peça a um adulto que acenda uma das velas e pingue gotas de parafina ao longo do palito e do arame, nas marcações feitas com a caneta para manter o espaço de 5 cm entre uma gota e outra. Espere cerca de 1 minuto para a parafina secar.

Imagem que representa as etapas A e B.

Dica Somente o adulto deve manipular a vela acesa.

C Enrole um pedaço de papel-alumínio em uma das extremidades do palito de churrasco e em uma das extremidades do arame.

D Posicione o tijolo com os furos para baixo. Com a fita-crepe, prenda a ele as extremidades desencapadas do arame e do palito, deixando as gotas de parafina voltadas para baixo.

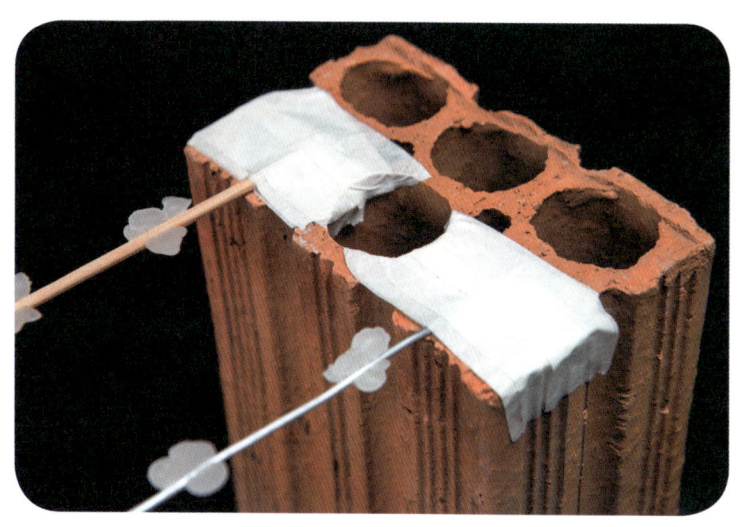

Imagem que representa a etapa **D**.

E Posicione uma das velas embaixo da extremidade encapada do arame. Depois, coloque a outra vela embaixo da extremidade encapada do palito.

F Peça a um adulto que acenda as velas. Observe e anote os resultados no caderno.

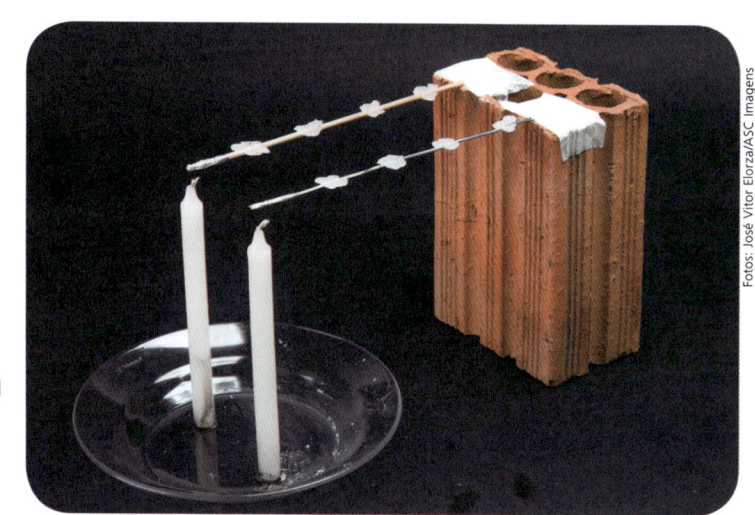

Imagem que representa a etapa **E**.

Relatando o que observei

1. O que aconteceu com a parafina que estava no arame após realizar a etapa **F**?

2. O que aconteceu com a parafina que estava no palito de madeira após realizar a etapa **F**?

3. Qual material conduziu melhor o calor, o arame ou o palito de madeira? Justifique sua resposta.

4. Que outro material poderia ser utilizado no lugar do arame, para obter resultado semelhante?

Trinta e cinco **35**

Pratique e aprenda

1. Em um experimento da escola, Catiana colocou um copo com água em um local que recebia luz solar diretamente (copo **A**) e outro copo em um local que não recebeu luz solar diretamente (copo **B**). Ambos os copos possuíam a mesma quantidade de água.

   Após três horas, utilizando um termômetro, ela verificou a temperatura da água de cada um dos copos.

   a. Marque um **X** no copo que apresentou maior temperatura.

   ◯ Copo **A**.   ◯ Copo **B**.

   b. Qual é a principal fonte que forneceu calor à água desse copo?

   _____

   c. Marque um **X** no principal tipo de transferência de calor que ocorreu nessa situação.

   ◯ Contato.   ◯ Radiação.

2. Para a produção de aparelhos eletrônicos é necessário unir peças metálicas. Essa união pode ser feita por meio do processo de soldagem. Durante esse processo, um fio de solda recebe calor de um ferro de solda e muda de estado físico, soldando uma peça metálica à outra.

   Processo de soldagem utilizando um ferro de solda.

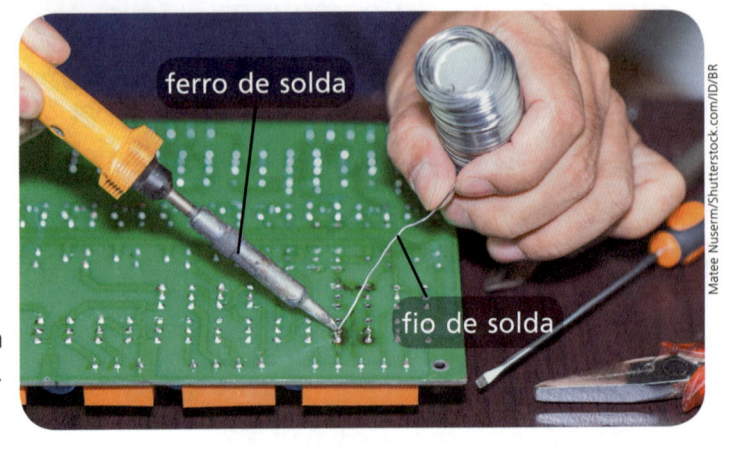

   a. Por quais mudanças de estado físico o fio de solda passou?

   _____
   _____
   _____

b. Essas transformações são reversíveis ou irreversíveis? Justifique sua resposta.

_____

_____

_____

c. Qual é a fonte de calor no processo de soldagem?

_____

_____

3. Ordene as sílabas abaixo de acordo com as setas e encontre duas palavras.

TRA   ÇÃO   CON   LA   ÇÃO   DI   TA

_____ _____ _____   _____ _____ _____ _____

- Agora, complete adequadamente a sentença abaixo utilizando uma das palavras descobertas acima.

Em um período do dia, o portão de ferro da casa de Augusto fica exposto à luz solar. Ao tentar fechá-lo, Augusto percebeu que o portão aparentava estar maior, dificultando seu fechamento. Isso ocorreu por causa da _____ térmica do ferro.

Ponto de chegada

1. Retorne à resposta que você deu à questão **3** da página **22** e verifique se está correta ou se precisa complementá-la.

2. Explique com suas palavras como o calor foi gerado na questão **4** da página **24**.

3. Explique com suas palavras por que você teve a sensação de que os objetos de metal e de madeira estavam a diferentes temperaturas ao realizar a atividade proposta na questão **3** da página **26**.

4. Na situação **1** da página **31**, o que aconteceu com a chaleira ao receber calor?

unidade 3 Água

Geleira na Patagônia, Argentina, em 2009.

Ponto de partida

1. Em quais estados físicos podemos encontrar a água no ambiente mostrado nessa foto?

2. O que está acontecendo com a geleira mostrada na foto? Por que você acha que isso está acontecendo?

3. A água pode mudar de um estado físico para outro? Justifique sua resposta.

Estados físicos da água

Leia o trecho da reportagem a seguir.

Derretimento de gelo já é principal fator de elevação do nível do mar

A remota Groenlândia dificilmente figura na lista de preocupações dos cidadãos brasileiros. Mas moradores de cidades como Recife, Rio de Janeiro e Santos deveriam ter interesse especial pelo destino da maior ilha do mundo e do manto de gelo que a recobre. Nos últimos 25 anos, o derretimento das geleiras groenlandesas tornou-se um dos principais fatores de aceleração do aumento do nível do mar – que traz ressacas, alagamentos e prejuízo a essas cidades. Um quarto da elevação anual dos oceanos pode ser atribuída à perda de gelo naquela região do Ártico.

[...]

Pedaços de gelo se desprendendo de um *iceberg* na Groelândia, em 2017.

Derretimento de gelo já é principal fator de elevação do nível do mar. *O Eco*, 26 jun. 2017. Disponível em: <www.oeco.org.br/reportagens/derretimento-de-gelo-ja-e-principal-fator-de-elevacao-do-nivel-do-mar/>. Acesso em: 22 dez. 2017.

1. Qual é a relação da imagem da página **38** com a reportagem desta página?

2. De acordo com a reportagem, quais são as consequências do derretimento das geleiras?

No ambiente, a água pode ser encontrada em três estados físicos: líquido, sólido e gasoso.

Os rios, lagos, mares, oceanos e lençóis subterrâneos, por exemplo, apresentam a água no estado líquido. Já os *icebergs*, as geleiras, o granizo e a neve são exemplos de água no estado sólido.

No estado gasoso, a água pode ser encontrada como vapor de água presente no ar, nos gêiseres, entre outras situações.

3. Em sua opinião, qual é o principal fenômeno que está provocando a intensificação do derretimento de geleiras, como as da Groenlândia, citada na reportagem da página anterior?

De acordo com diversos cientistas, o derretimento das geleiras está ocorrendo no ambiente principalmente por causa de ações humanas, que provocam a intensificação do efeito estufa natural da Terra. Entre essas ações estão a emissão de poluentes pelas queimadas e pela queima de combustíveis fósseis, como carvão e petróleo.

O derretimento das geleiras envolve a transformação de água sólida em água líquida, ou seja, envolve mudanças de estados físicos da água. Para compreender como ocorrem essas mudanças, vamos analisar algumas situações comuns em nosso cotidiano. Veja a seguir.

Situação 1

Representações sem proporção de tamanho. Cores-fantasia.

Antes...

Alessandra colocando uma forma de gelo com água no congelador.

Depois...

Alessandra despejando gelo em uma jarra.

Ilustrações: Gustavo Machado

Na situação acima, a água que Alessandra colocou na forma de gelo estava no estado físico líquido. Após algum tempo no congelador, a água passou para o estado físico sólido.

A passagem da água do estado físico líquido para o estado físico sólido é chamada **solidificação**.

4. Cite uma situação do seu cotidiano em que ocorre a solidificação da água.

Situação 2

Alessandra foi tomar banho e esqueceu a jarra com gelo sobre a mesa. Depois de certo tempo, o gelo derreteu, passando para o estado físico líquido.

A passagem da água do estado físico sólido para o estado físico líquido é chamada **fusão**.

5. Cite uma situação do cotidiano em que ocorre a fusão da água.

Jarra com água.

Situação 3

Enquanto tomava banho, Alessandra percebeu que, com o aquecimento da água no chuveiro, surgiu uma grande quantidade de vapor de água no banheiro, ou seja, água no estado físico gasoso.

A passagem da água do estado físico líquido para o estado físico gasoso é chamada **vaporização**.

Representações sem proporção de tamanho. Cores-fantasia.

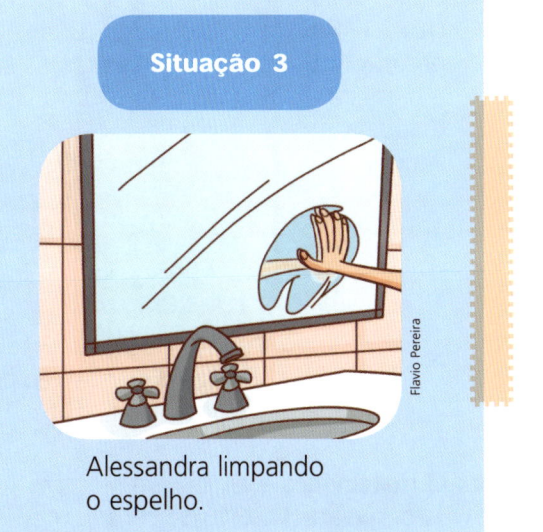

Alessandra limpando o espelho.

O vapor de água liberado durante o banho de Alessandra, entrou em contato com as paredes do banheiro e com a superfície do espelho, transformando-se em gotículas de água no estado líquido.

A passagem da água do estado físico gasoso para o estado físico líquido é chamada **condensação**.

6. Complete o esquema abaixo com os nomes das mudanças de estados físicos que ocorrem com a água.

sólido ⇄ líquido ⇄ gasoso

→ ganho de calor   → perda de calor

Por dentro do tema

Ciência e tecnologia

Máquinas a vapor

As máquinas movidas a vapor estão entre as grandes invenções do ser humano. Essas máquinas utilizam a pressão do vapor de água para gerar movimentos, que podem ser utilizados em diversas situações. Veja a seguir algumas pessoas que fazem parte da história das máquinas a vapor.

Imagens sem proporção entre si.

1 O físico francês Denis Papin (1647-1714) desenvolveu a primeira máquina a vapor.

Representação da máquina a vapor de Denis Papin.

2 O engenheiro inglês Thomas Savery (1650-1715) desenvolveu uma máquina a vapor que retirava água de poços de minas de carvão.

Representação da máquina a vapor de Thomas Savery.

3 O matemático e engenheiro escocês James Watt (1736-1819) construiu uma máquina mais eficiente. Isso permitiu que as máquinas a vapor fossem empregadas em fábricas, moinhos e siderúrgicas.

Modelo representativo da máquina a vapor construída por James Watt.

4 O inventor inglês Richard Trevithick (1771-1833) construiu a primeira locomotiva movida a vapor, que foi utilizada para carregar barras de ferro das minas.

Modelo representativo da locomotiva construída por Richard Trevithick.

Fotomontagem de Ingridhi F. B. Fotos: donatas1205, mexrix e APIWICH PUDSUMRAN/Shutterstock.com/ID/BR

- Pesquise em livros, revistas e na internet sobre os benefícios e os danos associados ao desenvolvimento das máquinas a vapor. Converse com os colegas sobre isso.

Pratique e aprenda

1. Mônica e Franjinha colocaram a mesma quantidade de água em dois pratos. Após certo tempo, veja o que aconteceu.

Mágica: a água sumiu!, de Mauricio de Sousa. *ClimaKids*. (Turma da Mônica). Disponível em: <www.climakids.com.br/experiencia/41>. Acesso em: 29 dez. 2017.

a. O que você pode dizer em relação à quantidade de água dos pratos?

_____

_____

b. Considerando que o cachorro Bidu não bebeu a água dos pratos, explique, com suas palavras, a resposta dada ao item **a**.

_____

_____

c. Por qual mudança de estado físico a água que estava presente no prato passou?

_____

d. O que você pode dizer a respeito da relação entre a vaporização e a exposição à luz solar?

_____

_____

_____

_____

2. Observe a situação abaixo.

MÃE, OS VIDROS ESTÃO FICANDO EMBAÇADOS! POR QUE ISSO ACONTECE?

ISABELA, QUANDO RESPIRAMOS, ELIMINAMOS A DE ÁGUA. LÁ FORA, A TEMPERATURA ESTÁ MAIS BAIXA DO QUE AQUI DENTRO. QUANDO O A ENTRA EM CONTATO COM O B FRIO, ACONTECE A C, SURGINDO GOTÍCULAS DE ÁGUA NO ESTADO D.

Isabela e sua mãe no carro.

Representação sem proporção de tamanho. Cores-fantasia.

- Agora, escreva no caderno a resposta dada pela mãe de Isabela, substituindo as letras em destaque pelas palavras do quadro.

líquido   **condensação**   **vapor**   **vidro**

3. Observe a tira abaixo.

Piratas do Tietê, de Laerte. *Folha de S.Paulo*, São Paulo, 24 fev. 2011.

a. No contexto da tira, por que a recomendação do cartaz deveria ser seguida?

_____

_____

b. Marque um **X** no estado físico em que a água de dentro da caixa de descarga se encontrava.

◯ Sólido.   ◯ Líquido.   ◯ Gasoso.

A água dissolve materiais

Gustavo fez macarronada para o almoço. Para cozinhar o macarrão, ele colocou sobre a chama do fogão uma panela com água, óleo e sal. Em seguida, mexeu com uma colher o conteúdo da panela e esperou a água ferver para colocar o macarrão.

Representação sem proporção de tamanho. Cores-fantasia.

Gustavo cozinhando.

1. O que aconteceu com o sal após Gustavo mexer o conteúdo da panela? E com o óleo?

Alguns materiais se dissolvem na água, outros não. Isso pode ser observado na situação acima: o sal se dissolveu na água, mas o óleo não se dissolveu e ficou na superfície da água.

Os materiais que se dissolvem na água são chamados **solúveis** em água e os que não se dissolvem na água são chamados **insolúveis** em água.

2. Na situação acima, identifique qual material é solúvel na água e qual é insolúvel na água.

A água dissolve vários materiais. Por esse motivo, ela é chamada **solvente universal**. Ela dissolve materiais sólidos, como o sal e o açúcar, materiais líquidos, como o álcool e o vinagre, e também materiais gasosos, como o gás oxigênio e o gás nitrogênio.

Vimos que, na situação da página anterior, Gustavo colocou água, sal e óleo na panela. O conteúdo dessa panela é considerado uma **mistura**, pois ele é composto por dois ou mais materiais.

As misturas apresentam diferentes propriedades, dependendo dos materiais que as compõem. Veja dois exemplos a seguir.

Imagens sem proporção entre si.

A

Copo contendo mistura de água e sal.

B

Copo contendo mistura de água e óleo.

3. Em qual das misturas é possível identificar visualmente os materiais presentes?

4. Em ambas as misturas acima, os materiais se dissolveram completamente na água?

Ao responder às questões acima, você percebeu que não conseguimos identificar visualmente os materiais que formam a mistura **A**, pois ela apresenta um aspecto uniforme. Misturas com essa característica são conhecidas como **misturas homogêneas**.

Já na mistura **B**, conseguimos identificar visualmente o óleo e a água. Misturas nas quais conseguimos identificar os materiais visualmente ou com auxílio de microscópio são conhecidas como **misturas heterogêneas**.

Veja as fotos a seguir.

Imagens sem proporção de tamanho. Cores-fantasia.

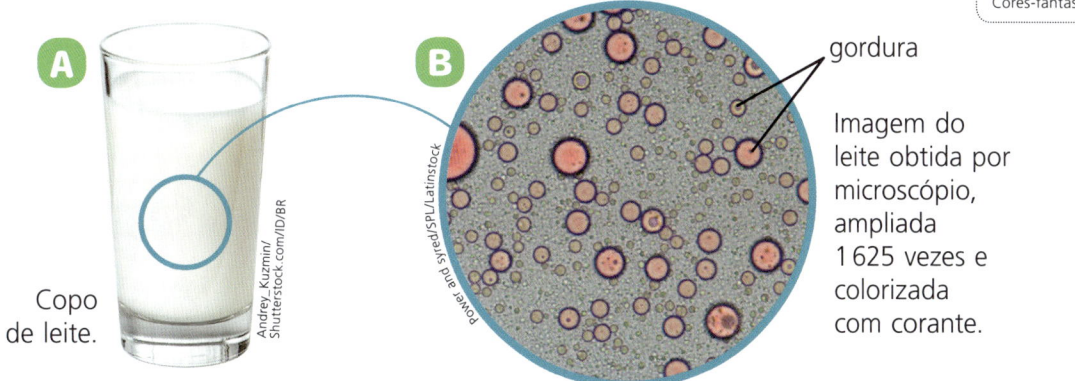

A Copo de leite.

B gordura

Imagem do leite obtida por microscópio, ampliada 1 625 vezes e colorizada com corante.

💬 **5.** Para você, o leite é uma mistura homogênea ou heterogênea? Justifique sua resposta.

Se você respondeu que se trata de uma mistura heterogênea, você acertou. O leite é formado por diversos compostos, como proteínas e gorduras. Assim, se observarmos um pouco de leite no microscópio, conseguimos identificar alguns de seus componentes.

Existem também as **substâncias puras**, que são aquelas formadas apenas por uma substância. Geralmente, essas substâncias são obtidas em laboratórios, pois elas não são facilmente encontradas no ambiente, como é o caso da água pura. A água que geralmente encontramos nos rios, mares, lençóis freáticos e até mesmo a água que bebemos são misturas, pois existem diversos materiais misturados a ela, como os sais minerais.

Rochas no artesanato

Muitas rochas que encontramos no ambiente são misturas heterogêneas formadas por diferentes materiais. O granito, por exemplo, é uma mistura de mica, feldspato e quartzo.

Geralmente, os materiais que formam essas rochas apresentam cores variadas e podem ser utilizados na confecção de artesanatos, incluindo objetos de decoração e adornos.

A confecção de artesanato tem uma grande importância econômica, pois é fonte de renda de muitas famílias.

Objeto de decoração feito com granito.

Quarenta e sete 47

Investigue e aprenda

> COMO É POSSÍVEL CLASSIFICAR UMA MISTURA COMO HOMOGÊNEA OU HETEROGÊNEA?

Vou precisar de:

- 4 copos descartáveis;
- colher de sopa;
- água;
- gelo;
- sal;
- areia;
- vinagre;
- óleo;
- detergente.

- Monte as misturas sugeridas no quadro abaixo.

MISTURA	MATERIAIS	HOMOGÊNEA OU HETEROGÊNEA	NÚMERO DE FASES
A	SAL E AREIA		
B	ÁGUA E VINAGRE		
C	ÓLEO E DETERGENTE		
D	ÓLEO, VINAGRE, GELO E AREIA		

Dica Após a realização da atividade, enxágue bem os copos descartáveis e descarte-os em lixeira apropriada para materiais recicláveis.

Relatando o que observei

1. Classifique cada uma das misturas que você montou como homogênea ou heterogênea.
2. Observando os resultados dessa atividade, você acha que podemos afirmar que as misturas podem ser sólidas, líquidas e gasosas?
3. Retorne à questão inicial desta seção e relacione o que você observou nesta atividade com sua resposta. Se necessário, altere ou complemente sua resposta.

Pratique e aprenda

1. A foto abaixo mostra um derramamento de óleo em um lago.

Mancha de óleo no lago Paranoá, em Brasília, Distrito Federal, em 2014.

a. A água dissolveu o óleo derramado no lago? Como você percebeu isso?

_____

_____

b. Pesquise na internet alguns problemas ambientais resultantes do derramamento de óleo no ambiente e escreva sobre eles.

_____

_____

_____

c. Para que servem as barreiras flutuantes que foram colocadas na situação mostrada na foto? Como elas funcionam? Se achar necessário, realize uma pesquisa.

_____

_____

_____

2. Observe as fotos a seguir e circule os materiais que se dissolvem na água.

Imagens sem proporção de tamanho. Cores-fantasia.

Açúcar. Azeite. Areia. Achocolatado.

3. Escreva nos espaços indicados **HE** para misturas heterogêneas e **HO** para misturas homogêneas.

Alfredo e Jamile se alimentando.

4. Ordene as sílabas abaixo e descubra duas palavras.

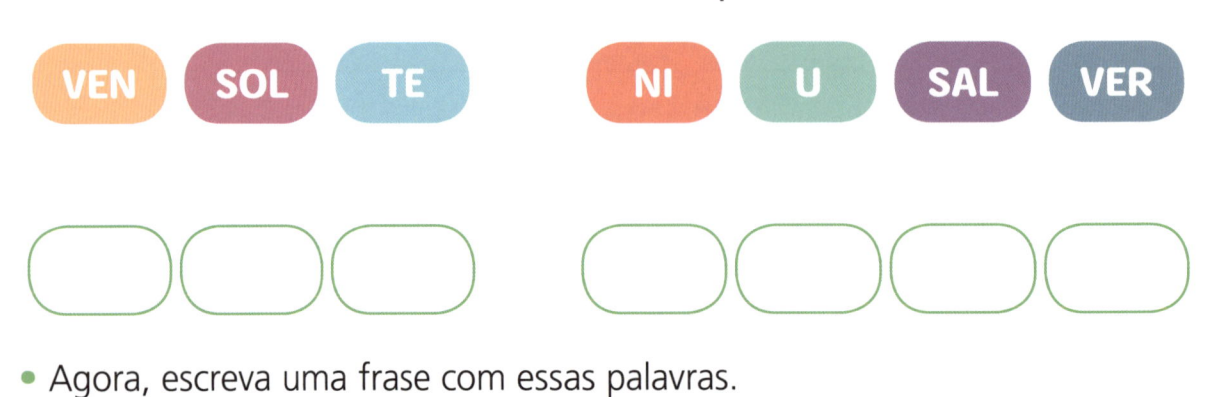

VEN   SOL   TE   NI   U   SAL   VER

- Agora, escreva uma frase com essas palavras.

_____

_____

50 Cinquenta

Separação de misturas

Gustavo despejou o macarrão cozido que estava na panela com água, sal e óleo em um escorredor de macarrão, como mostrado ao lado.

💬 **1.** O que ficou retido no escorredor após Gustavo ter despejado o conteúdo da panela? E o que passou pelos furos do escorredor?

Gustavo despejando o macarrão cozido, a água, o óleo e o sal no escorredor de macarrão.

A situação acima mostra que muitos materiais misturados à água podem ser separados. Existem diferentes técnicas de separação de misturas. Vamos conhecer algumas delas.

Filtração

Em geral, a filtração é uma técnica utilizada para separar materiais sólidos de materiais líquidos. Nessa técnica, a mistura passa por um filtro, que retém os materiais sólidos e permite que os materiais líquidos passem por ele.

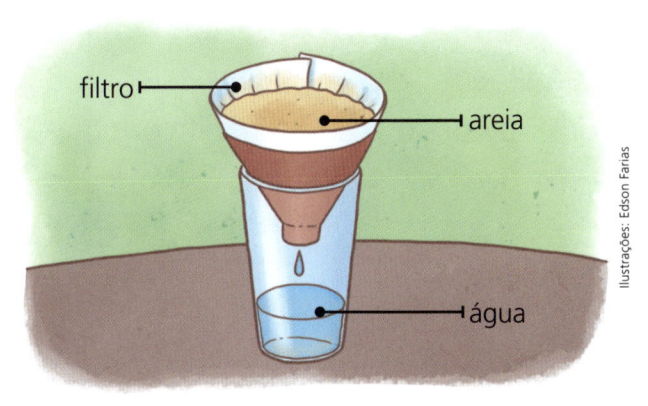

A areia não se dissolve na água. Quando essa mistura é colocada em um filtro, a areia fica retida no filtro de papel e a água passa por ele.

💬 **2.** Em sua opinião, a filtração está relacionada à situação vivenciada por Gustavo no início desta página? Em caso afirmativo, qual seria o filtro?

Por dentro do tema

Saúde

Tratamento caseiro da água

a. Você já viu um objeto semelhante ao da imagem abaixo? O que você sabe sobre ele?

b. Qual é a importância de usarmos o objeto da imagem abaixo?

Antes de chegar às torneiras de nossa residência, a água passa por um tratamento para que ela se torne adequada ao consumo humano. No entanto, algumas impurezas podem se misturar a essa água até que ela chegue à nossa residência. Por isso, devemos fazer um tratamento caseiro da água antes de ingeri-la.

Uma das formas de tratar a água em nossa residência é por meio do uso de filtros domésticos.

Os filtros domésticos apresentam um sistema de filtração que retém partículas e materiais que podem prejudicar a saúde, incluindo agentes que causam doenças.

c. Você e seus familiares têm o costume de ingerir água filtrada?

d. Responda novamente à questão **a** desta seção, corrigindo ou complementando sua resposta, caso necessário.

Decantação

Observe a situação ao lado.

💬 **3.** Como você faria para separar a areia da água nesse caso?

Alguns materiais, quando misturadas na água, não se dissolvem e acabam flutuando ou afundando, como o que aconteceu com a areia na situação ao lado. Essa característica possibilita usar uma técnica de separação chamada **decantação**.

Valentina observando a decantação da mistura.

Na decantação, a mistura é deixada em repouso até que os materiais presentes na água se acumulem no fundo do recipiente ou flutuem para que possam ser coletados separadamente.

Evaporação

💬 **4.** Como você faria para separar os componentes de uma mistura de água e sal?

Observe a situação abaixo.

A Para separar os componentes de uma mistura de água e sal, podemos colocar a mistura em um local que receba luz solar diretamente por algumas horas.

B Após algumas horas, a água terá evaporado e restará apenas o sal.

A **evaporação** é uma técnica utilizada, geralmente, para separar materiais que podem ou não se dissolver na água. Essa técnica consiste em deixar que a água evapore, restando apenas o material misturado a ela.

Investigue e aprenda

IMAGINE QUE ALGUÉM MISTUROU AÇÚCAR, AREIA E PÓ DE SERRA A UM POUCO DE ÁGUA. COMO VOCÊ SEPARARIA CADA UM DESSES MATERIAIS?

Vou precisar de:

- filtro de papel;
- funil;
- vasilha;
- copo transparente;
- colher de sopa;
- pó de serra;
- açúcar;
- areia;
- água.

A Coloque a água dentro do copo até completar metade de sua capacidade. Acrescente uma colher de açúcar, uma colher de areia e uma colher de pó de serra. Misture bem, com o auxílio da colher.

B Deixe essa mistura em repouso por cinco minutos. Veja o que acontece.

Imagem que representa a etapa A.

Relatando o que observei

1. Que tipo de separação de mistura foi realizado na etapa **B**?
2. Como ficou a mistura da etapa **B** depois de cinco minutos?
3. Que tipo de separação de mistura foi realizado na etapa **D**?
4. Após realizar a etapa **D**, qual material ficou retido no filtro e qual passou por ele?
5. Que tipo de separação de mistura foi realizado na etapa **E**?

C Coloque o filtro de papel dentro do funil e segure-o sobre a vasilha.

Imagens sem proporção entre si.

Água misturada com açúcar, areia e pó de serra.

Imagem que representa a etapa **C**.

Imagem que representa a etapa **D**.

D Despeje a mistura no filtro de papel, sem deixar cair o material que ficou no fundo do copo, na etapa **B**. Veja o que acontece.

E Coloque a vasilha com a mistura que passou pelo filtro em um local que receba luz solar diretamente. Deixe a vasilha nesse local até que toda a água evapore. Veja o que acontece.

6. O que aconteceu após a realização da etapa **E**?

7. Compare suas respostas com as de um colega. Verifique se vocês obtiveram os mesmos resultados. Depois, conversem sobre o que foi possível concluir com essa atividade.

8. Retome a questão do início da página anterior e relacione o que você observou nessa atividade com sua resposta. Se necessário, altere ou complemente sua resposta.

Cinquenta e cinco **55**

Pratique e aprenda

1. Observe a foto ao lado.

a. Por que é preciso agitar o suco antes de consumi-lo?

_____

_____

_____

Parte superior de uma caixa de suco de laranja.

b. Como se chama a técnica de separação de mistura que está relacionada a essa situação?

_____

2. Observe a cena abaixo.

Representação sem proporção de tamanho. Cores-fantasia.

COMO VOCÊS SEPARARIAM O SOLO E A ÁGUA QUE ESTÃO NESTE COPO?

Sala de aula da professora Natália.

- Agora, escreva um texto explicando como você responderia à questão da professora Natália, na situação retratada acima. Cite no texto o nome das técnicas que você utilizaria.

_____

_____

_____

_____

3. Para preparar o café, Priscila despejou água quente em um filtro com pó de café.

a. Por que Priscila precisou utilizar um filtro para preparar o café?

_____
_____
_____
_____

Priscila preparando café.

b. Por que a maior parte do pó de café não atravessa o filtro?

_____
_____
_____

Ponto de chegada

1. Retorne à questão **2** da página **38** e verifique se você respondeu corretamente. Cite qual mudança de estado físico da água está ocorrendo nessa situação.

2. Retorne à questão **1** da página **51** e explique por que foi possível separar o macarrão da água utilizando um escorredor.

3. Retorne à página **53** e explique com suas palavras por que a decantação é uma técnica de separação de misturas que não é adequada para separar materiais solúveis em água.

4. Retorne à questão **3** da página **53** e explique o que você faria para separar a mistura se, além da areia, fosse adicionado sal na água.

5. Retorne à questão **5** da página **54** e verifique se é necessário corrigir ou complementar sua resposta.

unidade 4 Ar

Aerogeradores da usina eólica Morro do Camelinho, em Gouveia, Minas Gerais, em 2016.

Ponto de partida

1. O que movimenta as pás dos aerogeradores de uma usina eólica?

2. Em sua opinião, o que um local precisa ter para ser adequado à instalação e funcionamento de uma usina eólica?

3. Do que é composto o ar?

Propriedades do ar atmosférico

Tem dias chuvosos; outros, ensolarados. Tem dias frios, outros, quentes. Essas condições atmosféricas estão relacionadas a algumas propriedades do ar. Vamos estudar algumas delas agora.

Umidade do ar

1. A superfície fria do vidro da imagem ao lado possibilitou a formação de gotículas de água. Em sua opinião, de onde veio a água que formou as gotículas no vidro da janela?

Gotículas de água condensadas no vidro de uma janela.

As gotículas de água no vidro se formaram por condensação do vapor de água presente no ar. A quantidade de vapor de água presente na atmosfera terrestre determina a umidade do ar. Assim, quanto menor a quantidade de vapor de água no ar, menor é a umidade do ar atmosférico.

De onde provém parte do vapor de água presente no ar atmosférico? Observe no esquema a seguir.

Representação sem proporção de tamanho. Cores-fantasia.

1 A luz solar e a ação dos ventos contribuem para que parte da água dos rios, mares, entre outros, evapore.

2 Parte dessa água evaporada permanece no ar em forma de vapor de água.

3 O vapor de água proveniente da transpiração dos seres vivos também permanece no ar.

4 A quantidade desse vapor de água que permanece no ar determina a umidade do ar.

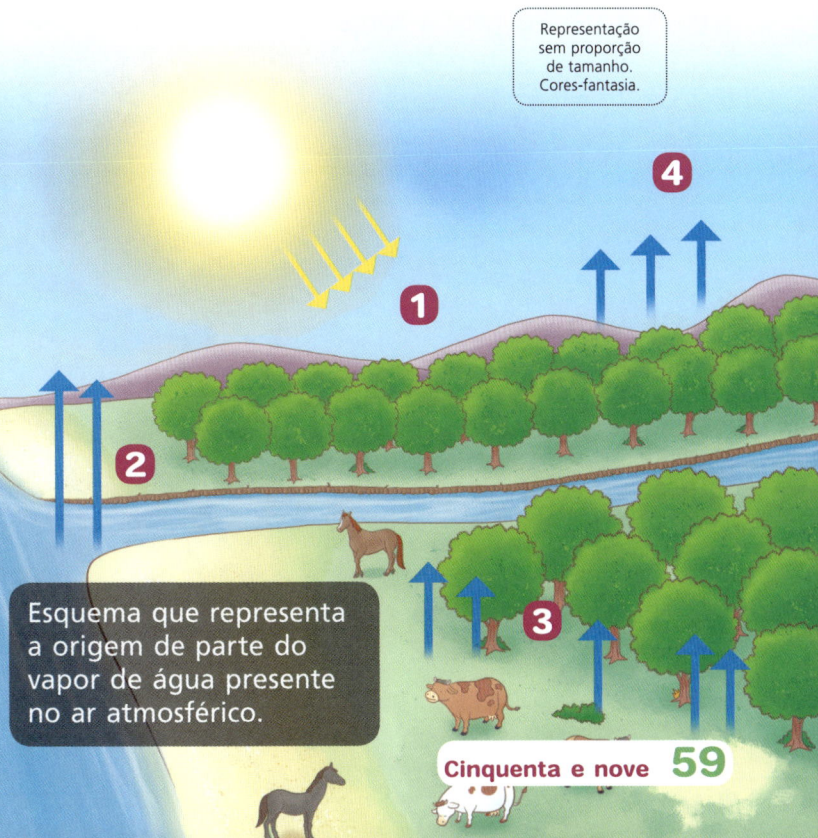

Esquema que representa a origem de parte do vapor de água presente no ar atmosférico.

Cinquenta e nove **59**

Pressão atmosférica

Observe as situações a seguir.

Representações sem proporção de tamanho. Cores-fantasia.

A Arlete encheu um saco plástico com ar.

B Depois, Arlete furou o saco plástico.

Ilustrações: Edson Farias

2. O que aconteceu com parte do ar que estava no interior do saco plástico na situação **B**?

3. Como ficou o formato do saco plástico na situação **A**? Por que ele ficou assim?

4. Como o saco plástico ficou na situação **B**?

O ar atmosférico exerce uma força nos corpos que estão na superfície terrestre. A atuação dessa força é chamada **pressão atmosférica**.

A pressão atmosférica atua em todas as direções nos corpos, como mostra a imagem ao lado.

Representação da ação da pressão atmosférica nos corpos sobre a superfície terrestre.

→ pressão atmosférica

60 Sessenta

Agora, vamos compreender o que aconteceu nas situações vivenciadas por Arlete.

Representações sem proporção de tamanho. Cores-fantasia.

Na situação **A**, o ar que Arlete inseriu no interior do saco plástico exerceu uma pressão nas paredes internas do saco. Isso fez com que a pressão interna se tornasse maior do que a pressão atmosférica, que atua nas paredes externas do saco plástico.

Na situação **B**, quando Arlete furou o saco plástico, parte do ar que estava em seu interior saiu. Assim, a pressão interna se iguala à pressão atmosférica, que foi capaz de deformar as paredes do saco plástico.

→ pressão do ar dentro do saco   → pressão atmosférica

5. Você acha que a pressão atmosférica é a mesma no alto de uma montanha e em uma praia?

A pressão atmosférica pode variar de um local para o outro. Essa variação pode ocorrer por causa de alguns fatores, como a altitude.

Imagem sem proporção de tamanho.

Quanto maior a altitude, menor é a pressão atmosférica. A densidade do ar também se torna menor.

Quanto menor a altitude, maior é a pressão atmosférica. A densidade do ar também se torna maior.

Representação da influência da altitude na variação da pressão atmosférica.

O instrumento que mede a pressão atmosférica é chamado **barômetro**.

Temperatura do ar

6. Você acha que a temperatura do ar atmosférico pode variar ao longo do dia? Em caso afirmativo, como você percebe essa variação?

Agora, observe as situações a seguir.

De manhã, ao ir para o trabalho, Mariana percebeu que o termômetro indicava a temperatura de 15 °C (lê-se: 15 graus Celsius).

Ao meio-dia, quando ela foi almoçar, o termômetro indicava uma temperatura de 25 °C.

Ao responder à questão **6** acima e ao analisar o que aconteceu com Mariana, você deve ter percebido que a temperatura do ar atmosférico pode variar ao longo do dia. Apesar dessa variação, a temperatura média na Terra se mantém em uma faixa adequada à vida no planeta, não apresentando temperaturas muito altas ou muito baixas. Isso ocorre, em parte, devido ao efeito estufa natural da Terra.

Efeito estufa

O efeito estufa envolve a participação de alguns gases da atmosfera terrestre e da luz solar. Observe o esquema a seguir.

Parte da luz solar que incide na atmosfera aquece a superfície terrestre e o ar que está próximo a ela ❶. Parte da luz solar é refletida pela superfície terrestre e atinge uma região da atmosfera onde se concentram os gases de efeito estufa ❷. Parte do calor se dispersa para fora da atmosfera ❸ e parte dele é retida próximo à superfície terrestre ❹. Com isso, a temperatura do planeta fica mantida em níveis adequados à vida.

Representação do efeito estufa natural da Terra.

Representações sem proporção de tamanho. Cores-fantasia.

Por dentro do tema

Educação ambiental

Aquecimento global

Leia a manchete a seguir.

Ursos-polares estão mais ameaçados pelo aquecimento global que o esperado

Ursos-polares estão mais ameaçados pelo aquecimento global que o esperado, de Débora Nogueira. *UOL*, 16 jul. 2015. Disponível em: <https://noticias.uol.com.br/meio-ambiente/ultimas-noticias/redacao/2015/07/16/ursos-polares-sao-menos-adaptaveis-ao-aquecimento-global-que-o-esperado.htm>. Acesso em: 8 jan. 2018.

O efeito estufa é essencial à vida na Terra. No entanto, esse efeito tem se intensificado e causado aumento da temperatura média do planeta, o chamado **aquecimento global**. Essa variação de temperatura provoca alguns problemas ambientais, como o derretimento das geleiras, que, por sua vez, causa o aumento do nível dos mares e oceanos.

A intensificação do efeito estufa é resultado do aumento na concentração de gases de efeito estufa na atmosfera terrestre. Esse aumento é causado principalmente por atividades humanas, como as queimadas e a queima de combustíveis fósseis, que liberam grande quantidade desses gases no ambiente.

Além disso, o aumento da temperatura terrestre pode interferir na ocorrência de chuvas, ocasionando períodos de seca ou de enchentes em determinados locais da Terra.

- Como você acha que cada cidadão pode contribuir para reduzir o aquecimento global?

Urso-polar se movimentando entre placas de gelo no polo Norte, em 2016. Os ursos-polares estão entre as espécies mais afetadas pelo derretimento nas regiões polares. Isso porque, entre outros problemas, esses animais utilizam as plataformas de gelo para caçar. Sem esses locais de caça, esses mamíferos sofrem com a falta de alimento.

Urso-polar: pode atingir cerca de 3,4 m de comprimento.

Investigue e aprenda

> A TEMPERATURA NO INTERIOR DE UM AUTOMÓVEL EXPOSTO À LUZ SOLAR, COM OS VIDROS FECHADOS, É A MESMA DE QUANDO ELE ESTÁ COM OS VIDROS ABERTOS? JUSTIFIQUE SUA RESPOSTA.

Vou precisar de:

- 2 copos plásticos;
- 2 recipientes plásticos transparentes idênticos;
- água;
- filme de PVC;
- elástico;

A Coloque a mesma quantidade de água nos dois copos plásticos e deixe-os no congelador até a água se solidificar completamente.

B Retire o gelo dos copos. Coloque um gelo em cada um dos recipientes de plástico.

> **Dica** Para remover o gelo, você pode molhar a parede externa do copo com água e pressionar o fundo dele ou rasgá-lo.

Imagem referente à etapa **A**.

C Cubra um dos recipientes plásticos transparentes com um pedaço de filme de PVC. Para prender o filme de PVC, coloque o elástico ao redor da borda do recipiente.

filme de PVC

elástico

Imagem referente às etapas **D** e **E**.

Flavio Pereira

D Deixe os recipientes plásticos com gelo em um local que receba luz solar diretamente.

E A cada 15 minutos, observe o que ocorreu em cada um dos recipientes. Anote as informações no caderno.

Relatando o que observei

1. O que você percebeu ao realizar a etapa **E**?
2. Por que você acha que isso ocorreu na etapa **E**?
3. Qual é a função do filme de PVC e do recipiente plástico nessa atividade?
4. Que fenômeno natural pode ser relacionado a essa atividade experimental?
5. Comente sobre o que pode ocorrer com as geleiras do planeta Terra caso o fenômeno que você citou na **questão 4** continue sendo intensificado.
6. Retome a questão inicial desta seção e a relacione ao que você observou nessa atividade. Se necessário, altere ou complemente sua resposta.

Sessenta e cinco **65**

Pratique e aprenda

1. Observe abaixo algumas situações que ocorreram com o personagem Do Contra ao longo de um dia.

Do Contra, de Mauricio de Sousa. *ClimaKids*. Disponível em: <www.climakids.com.br/quadrinhos/17>. Acesso em: 8 jan. 2018.

a. Por que Do Contra não gosta quando a temperatura fica indefinida?

_____

_____

b. O que aconteceu com a temperatura do ar ao longo das cenas da tira?

_____

_____

2. Utilizando um termômetro de ambiente, registre no quadro ao lado a temperatura do ar ao longo de um dia, nos horários indicados. Em seguida, construa no caderno um gráfico de colunas com os dados que você registrou no quadro.

Analise o gráfico que você elaborou. O que você pode concluir?

Temperaturas registradas ao longo do dia: ____/____/____	
Horários	Temperatura (em °C)
7 h	
10 h	
13 h	
16 h	
19 h	
22 h	

3. Leonel visitou a Cordilheira dos Andes, no Chile, a 2 800 metros de altitude. Durante a visita, ele bebeu toda a água que tinha em sua garrafa plástica. Enquanto descia a cadeia de montanhas da cordilheira, no retorno do passeio, ele percebeu que a garrafa plástica vazia se deformou.

Para explicar a situação vivenciada por Leonel, complete as lacunas abaixo com as palavras entre parênteses mais adequadas.

> Quando Leonel tomou toda a água de sua garrafa, enquanto estava no alto das montanhas, a pressão interna da garrafa ficou _____ (menor/maior/igual) à pressão atmosférica a 2 800 metros de altitude. Ao descer a cordilheira, a uma altitude de 100 metros, a pressão atmosférica tornou-se _____ (menor/maior/igual) do que a pressão do interior da garrafa. Isso fez com que a garrafa se deformasse.

4. Analise o gráfico abaixo e responda às questões.

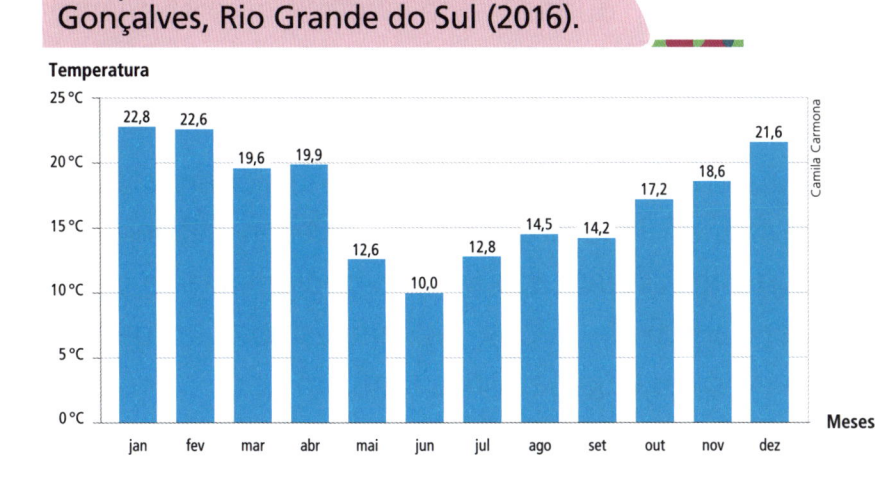

Temperatura média mensal em Bento Gonçalves, Rio Grande do Sul (2016).

Temperatura
- jan: 22,8
- fev: 22,6
- mar: 19,6
- abr: 19,9
- mai: 12,6
- jun: 10,0
- jul: 12,8
- ago: 14,5
- set: 14,2
- out: 17,2
- nov: 18,6
- dez: 21,6

Fonte: Embrapa Uva e Vinho. Disponível em: <www.embrapa.br/uva-e-vinho/dados-meteorologicos/bento-goncalves/-/asset_publisher/mVb5LKtZvu3R/content/2016-agrometeorologia-bento-goncalves-resumo-anual/1355300?inheritRedirect=false&redirect=https%3A%2F%2Fwww.embrapa.br%2Fuva-e-vinho%2Fdados-meteorologicos%2Fbento-goncalves%3Fp_p_id%3D101_INSTANCE_mVb5LKtZvu3R%26p_p_lifecycle%3D0%26p_p_state%3Dnormal%26p_p_mode%3Dview%26p_p_col_id%3Dcolumn-2%26p_p_col_pos%3D5%26p_p_col_count%3D7>. Acesso em: 23 dez. 2017.

a. Circule de azul no gráfico o mês mais frio do ano de 2016 em Bento Gonçalves.

b. Circule de vermelho o mês mais quente do ano de 2016 nessa cidade.

c. Qual foi a variação, em °C, entre as temperaturas dos meses circulados nos itens **a** e **b**?

Previsão do tempo

Observe a tira abaixo.

Zezo, de Adão. *Folha de S.Paulo*, São Paulo, 14 jul. 2012. Folhinha, p. 8.

1. Como a amiga de Zezo ficou sabendo que iria chover?

2. De que maneira a informação de que iria chover influenciou a rotina da amiga de Zezo?

3. As condições do tempo influenciam suas atividades do cotidiano?

Geralmente, quando o dia está ensolarado, podemos passear ao ar livre, como em parques e praças. No entanto, quando está chovendo, costumamos realizar outras atividades para nos divertir. Esse é um exemplo de como as condições do tempo influenciam nossas atividades cotidianas.

As condições do tempo também podem influenciar outras atividades. As tempestades, a neblina e os ventos fortes podem, por exemplo, prejudicar o pouso e a decolagem de aviões. As tempestades, as geadas, a falta ou o excesso de chuva também podem provocar prejuízos às lavouras.

Plantação de repolho danificada pela geada, em Santa Maria, Rio Grande do Sul, em 2017.

Dessa forma, saber com antecedência as condições do tempo em cada dia nos ajuda a organizar as atividades cotidianas e a evitar possíveis problemas causados pelo mau tempo, como em tempestades e em ventanias.

Agora, vamos aprender um pouco mais sobre a previsão do tempo. Para isso, inicialmente, vamos diferenciar dois conceitos: tempo e clima.

Tempo

Refere-se às condições atmosféricas em um determinado instante e local, podendo sofrer alterações ao longo do dia. Quando falamos que hoje vai chover, por exemplo, estamos nos referindo ao tempo.

Clima

É um conjunto de condições atmosféricas que ocorrem em um local por um longo período de tempo. O clima do estado do Amazonas, por exemplo, caracteriza-se por temperaturas elevadas e apresentar grande quantidade de chuva ao longo do ano.

4. Jorge mora em Presidente Prudente, São Paulo. Todos os dias, ele costuma consultar a previsão do tempo no jornal. De acordo com o mapa de previsão do tempo abaixo, você aconselharia Jorge a levar um guarda-chuva ao sair de casa? Por quê?

Previsão do tempo para o estado de São Paulo em 25 de setembro (2013)

Representação de mapa da previsão do tempo para o estado de São Paulo.

Fonte de pesquisa: *Jornal Folha de S.Paulo*, São Paulo, 9 jul. 2013. Cotidiano, p. 2.

A previsão do tempo informa com antecedência possíveis variações das condições atmosféricas em um determinado dia, por exemplo, se irá chover, se o dia será ensolarado, se será um dia com altas ou baixas temperaturas, se podem ou não ocorrer geadas, entre outras condições.

A ciência que estuda as condições atmosféricas e auxilia na previsão do tempo é chamada **Meteorologia**. Para realizar essas previsões, os **meteorologistas** observam alguns fatores, como temperatura, umidade relativa do ar e pressão atmosférica, utilizando instrumentos, como anemômetro, barômetro, satélites artificiais, entre outros.

Pratique e aprenda

1. Observe o mapa abaixo.

Informações meteorológicas para o dia 30 de julho (2013)

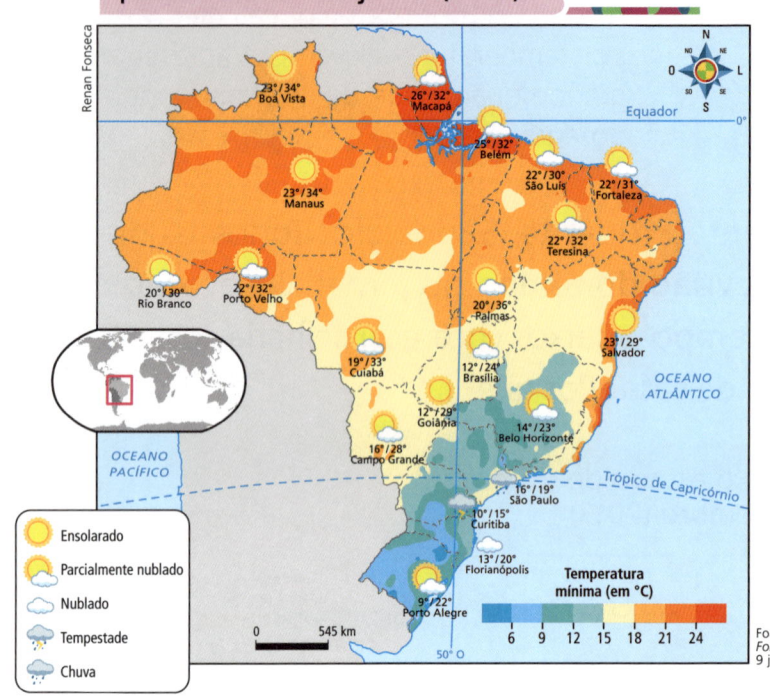

a. Circule de vermelho no mapa a cidade que terá a maior temperatura máxima nesse dia.

b. Circule de azul no mapa a cidade que terá a menor temperatura mínima nesse dia.

c. Escreva o nome de uma cidade onde ocorrerão pancadas de chuva.

_____

d. Os dados apresentados no mapa têm relação com o tempo ou com o clima? Justifique.

_____

2. Marque um **X** na sentença que apresenta informações **incorretas**.

◯ A pressão atmosférica em uma cidade localizada a 500 m de altitude é maior do que em uma cidade do litoral, que está localizada ao nível do mar.

◯ O conjunto de condições atmosféricas que ocorrem com mais frequência em uma determinada região é chamado clima.

Agora, explique por que a sentença em que você marcou um **X** é incorreta.

_____

Vento

Leia o poema abaixo.

Doidvento

O vento está brincando
no fundo do meu quintal.
Quer vestir a todo custo
as roupas lá no varal.
Bate portas e janelas
assustando as venezianas.
Cortinas viram fantasmas.
Judia das persianas.

Atrevido, ergue as saias,
os cabelos embaraça.
Guarda-chuvas no avesso.
Revira tudo onde passa!
Dança nas folhas das árvores,
não para, todo se espalha.
Muito doido é esse vento.
É o ar em movimento?

De bambolê e patins, de Maria Elisa Alves. São Paulo: Geração Editorial, 2003. p. 4.

1. Em sua opinião, qual ideia a autora do poema quis passar ao leitor com o título "Doidvento"?

2. Como você responderia à questão do último verso do poema?

O vento é o movimento do ar na atmosfera terrestre. Veja no esquema abaixo como ocorre a formação do vento.

Representação sem proporção de tamanho. Cores-fantasia.

2 A superfície terrestre, que foi aquecida, aquece o ar atmosférico próximo a ela. O ar aquecido torna-se menos denso e sobe.

3 O ar frio, que está um pouco mais afastado da superfície terrestre, desce e ocupa o lugar do ar quente que subiu.

Esse movimento do ar, representado em **1**, **2** e **3**, forma o vento.

1 A luz solar atinge a superfície terrestre, aquecendo-a.

Representação da formação do vento.

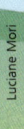

3. Você acha que o vento ocorre sempre com a mesma velocidade na atmosfera? Justifique sua resposta.

Ao responder à questão anterior, possivelmente você se recordou de dias em que estava ventando intensamente. Dependendo de sua velocidade, o vento provoca diferentes efeitos no ambiente, muitas vezes causando prejuízos aos seres humanos.

Os ventos podem ser classificados de acordo com sua velocidade e os efeitos que ele provoca no ambiente. Para isso, foi criada a Escala Beaufort. Veja a seguir algumas classificações que o vento recebe.

Imagens sem proporção entre si.

- As brisas são ventos muito fracos. Quando ocorre esse tipo de vento, percebemos as folhas das árvores se movimentarem vagarosamente.

Frutos do dente-de-leão se deslocando por causa de uma brisa.

- As ventanias são ventos fortes que podem, por exemplo, quebrar janelas e galhos de árvores e até mesmo arrancar telhas das construções.

Ventania em Jandaíra, Bahia, em 2016.

- Os tornados podem se formar quando ocorre uma forte tempestade em áreas planas. Nos tornados, o vento gira e forma um funil, que desce da base da nuvem e toca o solo. Geralmente, eles duram poucos minutos e causam grandes destruições.

Tornado em Illinois, Estados Unidos, em 2015.

Pratique e aprenda

Imagens sem proporção entre si.

1. O instrumento abaixo mede a velocidade do vento.

   a. Decifre o código e encontre o nome desse instrumento. Para isso, procure as letras no diagrama, relacionando as linhas às colunas.

	A	B	C	D
1	M	U	V	N
2	P	L	E	W
3	Ô	T	S	R
4	B	Q	A	D
5	M	Z	E	O

4C	1D	5C	1A	3A	5A	2C	3B	3D	5D

   b. Explique com suas palavras como esse equipamento funciona. Se preciso, faça uma pesquisa em livros ou na internet.

   _____
   _____
   _____

2. A biruta é um instrumento utilizado em aeroportos para indicar a direção e a intensidade dos ventos. Explique com suas palavras o funcionamento de uma biruta.

   _____
   _____

Biruta.

Setenta e três 73

3. Leia o trecho da reportagem abaixo.

> **Epagri/Ciram alerta para risco de temporais, rajadas de vento e mar agitado no domingo em SC**
>
> *Rajadas podem atingir até 90 km/h. Não é aconselhada a navegação de pequenas e médias embarcações.*
>
> Epagri/Ciram alerta para risco de temporais, rajadas de vento e mar agitado no domingo em SC, de G1 SC. *G1*, São Paulo, 15 jul. 2017. Disponível em: <http://g1.globo.com/sc/santa-catarina/noticia/epagriciram-alerta-para-risco-de-temporais-rajadas-de-vento-e-mar-agitado-no-domingo-em-sc.ghtml>. Acesso em: 28 dez. 2017.

a. De acordo com o trecho da reportagem, qual atividade humana foi influenciada pelas condições do tempo relatadas?

_____

b. Qual é a importância de se preverem ventos com essa velocidade?

_____
_____

Ponto de chegada

1. Retome a questão **1** da página **59** e verifique se você a respondeu corretamente. Depois, cite outras situações em que é possível perceber a presença de água no ar.

2. Retome a questão **3** da página **60** e verifique se você a respondeu corretamente. Relacione sua resposta à diferença entre a pressão atmosférica e a pressão no interior do saco plástico.

3. Na previsão do tempo são indicadas uma temperatura máxima e uma mínima para um mesmo dia. Por que geralmente se apresenta um intervalo de temperatura para um mesmo dia?

4. Retome a questão **2** da página **71** e verifique se você a respondeu corretamente. Depois, relacione sua resposta ao esquema apresentado ao final da página **71**.

unidade

5 Seres vivos microscópicos

Bactérias encontradas naturalmente no corpo do ser humano. Imagem obtida por um microscópio, ampliada cerca de 5 800 vezes e colorizada em computador.

Ponto de partida

1. Você já ouviu falar em bactérias? O que você sabe sobre elas?

2. Você acha que todas as bactérias são prejudiciais ao corpo humano? Justifique sua resposta.

3. Cite um local do corpo humano em que você acha que podemos encontrar bactérias.

O que são seres vivos microscópicos

Observe a imagem abaixo.

Tuiuiú: pode atingir até 1,4 m de comprimento.

Tuiuiú.

1. Cite os seres vivos que você observa na foto ao lado.

Além dos seres vivos que você citou na resposta da questão anterior, existem outros nesse ambiente que não podem ser observados a olho nu. Eles são conhecidos como **seres vivos microscópicos** e podem ser observados com o auxílio de instrumentos, como os microscópios.

Representações sem proporção de tamanho. Cores-fantasia.

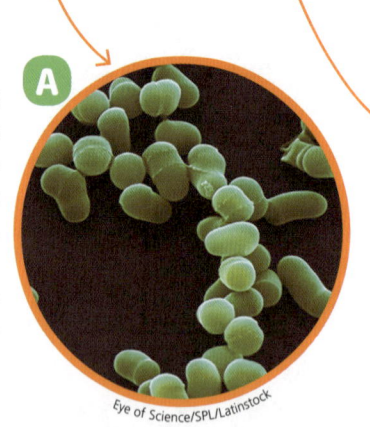

A Bactérias decompositoras comumente encontradas no solo. Imagem obtida por um microscópio, ampliada cerca de 16 700 vezes e colorizada em computador.

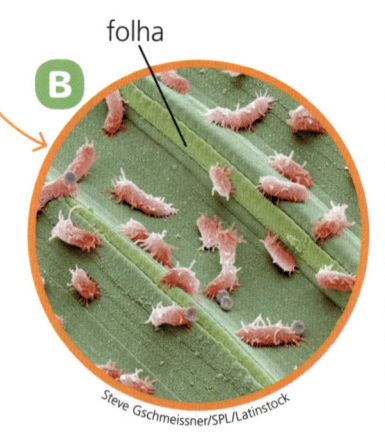

B folha — Bactérias que podem ser encontradas nas folhas de algumas plantas. Imagem obtida por um microscópio, ampliada cerca de 8 000 vezes e colorizada em computador.

2. Em sua opinião, para que serve um microscópio?

Protozoários, a maioria das bactérias e alguns fungos são exemplos de seres vivos microscópicos. As imagens **A** e **B** acima foram obtidas com o uso de um microscópio e mostram alguns desses seres vivos.

Os seres vivos microscópicos podem ser encontrados no solo, na água, no ar, nas plantas, no corpo humano e no corpo de outros animais. Esses organismos microscópicos participam de diversos processos nos ambientes, como a decomposição da matéria orgânica.

Ao se alimentarem de restos de animais e de plantas, os fungos e as bactérias decompositores transformam os restos de seres vivos, ou seja, a matéria orgânica, em substâncias que podem ser absorvidas pelas plantas e que favorecem o desenvolvimento delas.

Microscópios

Os microscópios são instrumentos que ampliam várias vezes a imagem do que está sendo observado. Geralmente, eles são utilizados para observar células, seres vivos microscópicos, entre outras aplicações.

Atualmente, os microscópios têm alta capacidade de ampliação, mas nem sempre foi assim. Veja a seguir.

1595
Os primeiros microscópios foram desenvolvidos por Hans Jansen (1534-1592) e Zacharias Jansen (1580-1638), por volta de 1595. Sua capacidade de ampliação era muito limitada, sendo utilizado para observar pequenos objetos.

Gravura representando Hans Jansen (à esquerda na imagem) e seu filho, Zacharias Jansen (à direita na imagem).

1600
No final do século 17, o comerciante holandês Anton van Leeuwenhoek (1621-1723) desenvolveu um microscópio capaz de ampliar as imagens entre 50 e 200 vezes. Leeuwenhoek, provavelmente, foi o primeiro a observar seres vivos microscópicos.

Pintura representando Anton van Leeuwenhoek.

1500 — 1600 — 1700 — 1800 — 1900 — 2000

1700
A partir do século 18, as lentes foram aperfeiçoadas, possibilitando uma melhoria na capacidade de ampliação e na qualidade das imagens obtidas pelos microscópios.

1900
Em 1931, o físico alemão Ernst Ruska (1906-1988) desenvolveu o microscópico eletrônico, que permitiu obter imagens com maior ampliação do que os microscópios ópticos.

Microscópio eletrônico atual.

a. Cerca de quanto tempo levou desde a construção do primeiro microscópio até o desenvolvimento dos microscópios eletrônicos?

b. Quantas pessoas estiveram envolvidas nesse processo?

Bactérias

As bactérias são seres vivos formados por apenas uma célula. Elas podem ser encontradas nos mais diversos ambientes e se relacionam de diferentes maneiras com os outros seres vivos.

Além de participarem da decomposição dos restos de plantas e animais, existem bactérias que ajudam algumas plantas a absorver nutrientes do solo e bactérias que liberam gás oxigênio para o ambiente.

Você sabia que no corpo humano também existem bactérias? Muitas delas são benéficas e contribuem para o bom funcionamento do nosso corpo.

> Existem bactérias que vivem no nariz e nas orelhas do ser humano. Normalmente, elas não causam prejuízos à saúde.

> No intestino humano, existem diversas bactérias que ajudam na digestão dos alimentos.

Mulher.

Imagem sem proporção de tamanho.

Mas há também bactérias que causam doenças ao ser humano, como as causadoras da cárie, de leptospirose, da tuberculose e da pneumonia.

A cárie é causada por algumas bactérias que vivem na boca humana e que utilizam os restos de alimentos presentes nos dentes como fonte de energia. Esses seres vivos produzem substâncias que destroem as camadas dos dentes, provocando a cárie.

💬 **3.** Qual a principal medida para prevenir a cárie?

cárie

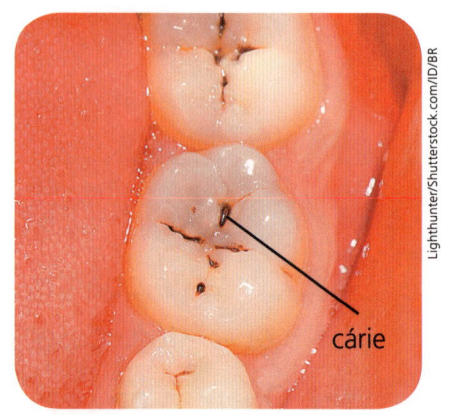

Dente humano com cárie.

Por dentro do tema

Ciência e tecnologia

Produção de insulina

Após alguns exames, Josiane foi diagnosticada com diabetes.

> JOSIANE, VOCÊ TEM DIABETES. COMO TRATAMENTO, VOCÊ TERÁ DE INJETAR INSULINA NO SEU ORGANISMO PARA AJUDAR A CONTROLAR OS NÍVEIS DE GLICOSE NO SANGUE.

Médica explicando sobre diabetes para Josiane.

Representação sem proporção de tamanho. Cores-fantasia.

A insulina é uma substância normalmente produzida pelo pâncreas, um órgão do corpo humano. Em alguns casos, o organismo não produz insulina ou ela não funciona de maneira adequada. Como consequência, há aumento dos níveis de glicose no sangue, o que é prejudicial à saúde. Esse problema é conhecido como **diabetes**.

Algumas pessoas com diabetes, como Josiane, precisam receber insulina de fontes externas. Durante muito tempo, essa insulina era extraída do pâncreas de porcos, o que causava rejeições pelo organismo humano.

Com o avanço das novas tecnologias, desde a década de 1980, a insulina utilizada nas terapias passou a ser produzida artificialmente com o auxílio de uma bactéria, a *Escherichia coli*.

Essa insulina não é rejeitada pelo organismo humano, facilitando o tratamento de doenças.

- Qual é a importância das pesquisas científicas para a saúde da população?

Bactérias *Escherichia coli*. Imagem obtida por um microscópio, ampliada cerca de 7 800 vezes e colorizada em computador.

Setenta e nove **79**

Conheça, a seguir, como algumas bactérias participam da fabricação de determinados alimentos.

A bactéria *Lactobacillus bulgaricus*, por exemplo, é adicionada ao leite para a produção de queijos. Essa bactéria utiliza o leite para obter energia por meio de um processo chamado **fermentação**. Durante esse processo, ocorre a produção de substâncias que transformam o leite em queijo.

Recipiente com leite.

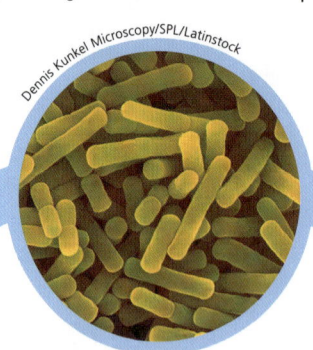

Bactérias *Lactobacillus bulgaricus*. Imagem obtida por um microscópio, ampliada cerca de 2 400 vezes e colorizada em computador.

Queijo.

Representações sem proporção de tamanho. Cores-fantasia.

As bactérias dos gêneros *Acetobacter* e *Gluconobacter* são utilizadas na produção de vinagre. Após passar por alguns processos, o suco de partes de algumas plantas, como a maçã, é utilizado por essas bactérias para obter energia por meio de um tipo de fermentação. Durante esse processo ocorre a formação do vinagre.

Maçã.

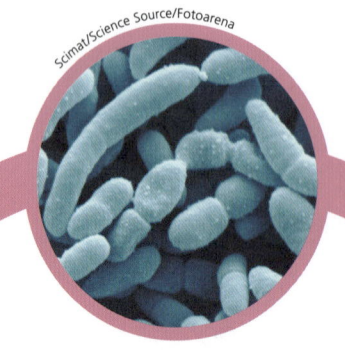

Bactérias *Acetobacter aceti*. Imagem obtida por um microscópio, ampliada cerca de 10 900 vezes e colorizada em computador.

Vinagre de maçã.

Protozoários

Os protozoários são seres vivos microscópicos que apresentam apenas uma célula. Eles vivem em ambientes terrestres úmidos ou em ambientes aquáticos, mas também existem aqueles que vivem no interior de outros seres vivos, em uma relação em que ambos são beneficiados.

O cupim, por exemplo, é um inseto que se alimenta de madeira, mas não consegue digeri-la. No interior de seu corpo vivem protozoários que auxiliam na digestão da madeira.

Cupim: pode atingir cerca de 1,4 cm de comprimento.

Cupins.

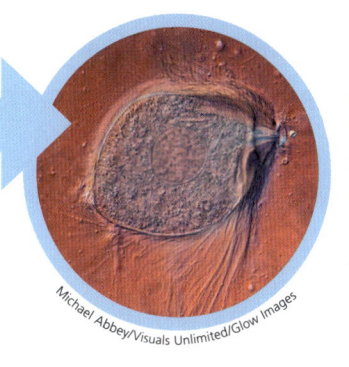

Protozoário encontrado no intestino do cupim e que auxilia na digestão da madeira ingerida pelo inseto. Imagem obtida por um microscópio e ampliada cerca de 135 vezes.

Representações sem proporção de tamanho. Cores-fantasia.

Alguns protozoários podem parasitar seres vivos e prejudicá-los. Veja os exemplos a seguir.

O protozoário *Trypanosoma cruzi* pode ser transmitido aos seres humanos por meio da picada do inseto conhecido como barbeiro, causando a doença de Chagas. Essa doença prejudica o funcionamento do coração, entre outros prejuízos à saúde.

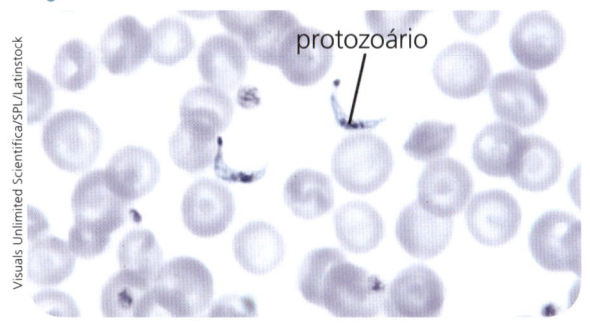

O *Plasmodium vivax* é um protozoário que pode ser transmitido aos seres humanos por meio da picada de um mosquito, causando uma doença chamada malária. Essa doença pode causar diversos sintomas, como a febre, e até causar a morte da pessoa.

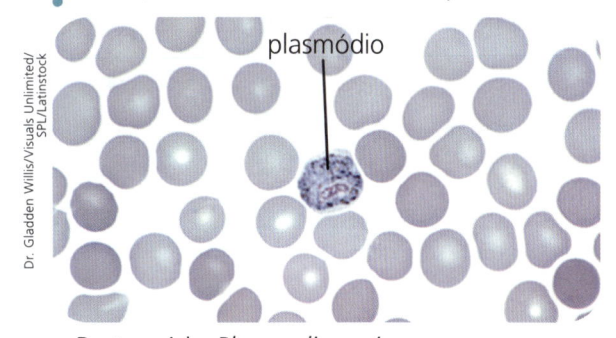

protozoário

plasmódio

Protozoário *Trypanosoma cruzi* entre células do sangue humano. Imagem obtida por um microscópio e ampliada cerca de 250 vezes.

Protozoário *Plasmodium vivax* em célula sanguínea humana. Imagem obtida por um microscópio e ampliada cerca de 400 vezes.

Fungos

💬 **4.** Você comeria o pão mostrado na foto ao lado? Por quê?

💬 **5.** Se uma pessoa encontrar um pão nessas condições, o que ela deve fazer?

bolor

Pão com bolor.

O bolor é um tipo de fungo. Os fungos são seres vivos que não produzem seu próprio alimento. Eles obtêm os nutrientes de que precisam a partir de outros seres vivos ou de restos de animais e de plantas presentes no ambiente.

Oitenta e um 81

Geralmente, os fungos são encontrados em locais úmidos e com alimento disponível.

Os bolores e os cogumelos são fungos formados por várias células e que podemos observar a olho nu. No entanto, existem fungos microscópicos, como as leveduras, formadas por apenas uma célula.

O cogumelo mostrado na foto abaixo é um fungo encontrado geralmente em locais úmidos.

O fungo mostrado na foto abaixo causa uma doença nas folhas de trevo.

Representações sem proporção de tamanho. Cores-fantasia.

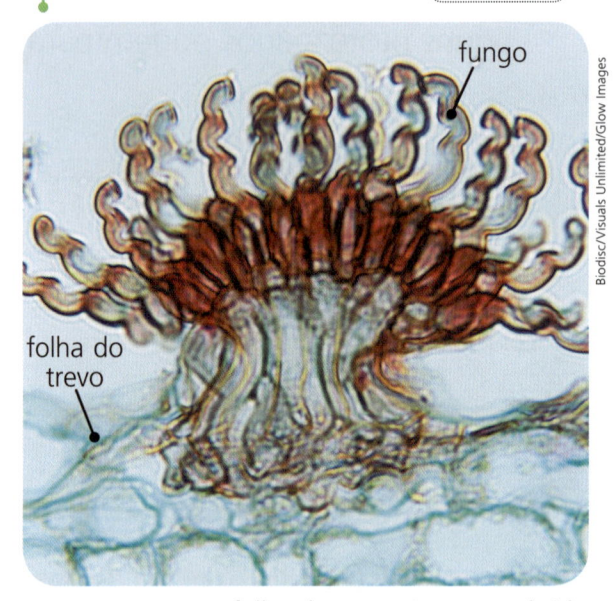

Cogumelo: pode atingir cerca de 35 cm de altura.

Cogumelo.

Fungo em uma folha de trevo. Imagem obtida por um microscópio e ampliada 120 vezes.

Existem fungos que parasitam plantas, seres humanos e outros animais, provocando doenças.

Nos seres humanos, é comum os fungos causarem doenças na pele, conhecidas como micoses. Para evitar as micoses, devemos secar bem todo o corpo, não compartilhar roupas, toalhas e bonés, não andar descalço em alguns locais como vestiários de piscinas e banheiros públicos, usar calçados arejados e evitar meias de materiais sintéticos.

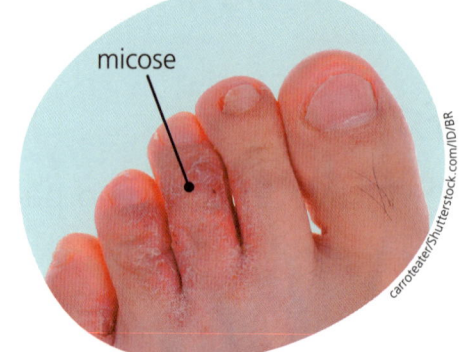

Micose em um pé humano.

Alguns fungos participam da fabricação de medicamentos, como aqueles que ajudam a diminuir a rejeição de órgãos transplantados e os que auxiliam no tratamento de doenças causadas por bactérias.

Alguns fungos participam da decomposição de restos de animais e de plantas auxiliando na reciclagem de nutrientes no ambiente. Além disso, há aqueles que podem ser utilizados na fabricação de alimentos e de combustíveis.

O fermento biológico utilizado no preparo da massa de pães é composto por leveduras. Esses fungos realizam alguns processos que liberam gases e favorecem o crescimento da massa.

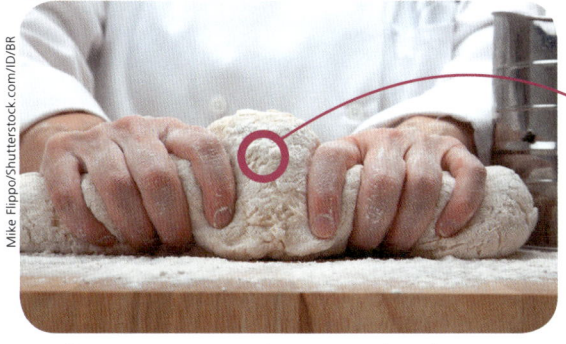

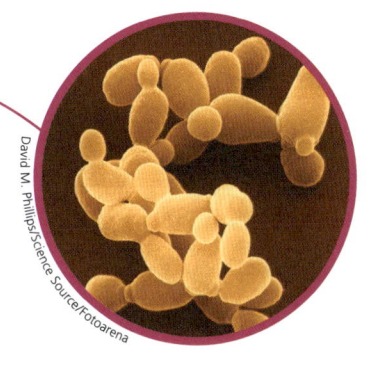

Pessoa preparando massa de pão.

Levedura *Saccharomyces cerevisiae*. Imagem obtida por um microscópio, ampliada cerca de 23 000 vezes e colorizada em computador.

O etanol é um combustível muito utilizado em automóveis no Brasil. Esse combustível é produzido com o auxílio de leveduras (*Saccharomyces* sp.). Durante o processo de produção do etanol, a levedura realiza a fermentação do caldo da cana, produzindo o etanol.

Representações sem proporção de tamanho. Cores-fantasia.

Cana-de-açúcar.

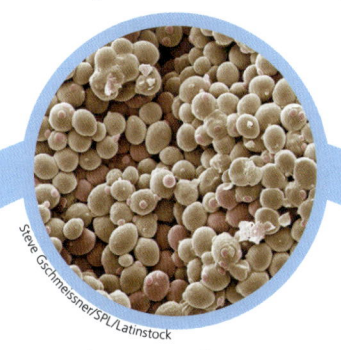

Leveduras *Saccharomyces* sp.

Veículo sendo abastecido com etanol na cidade de São Paulo.

Que curioso!

Cogumelos comestíveis

Alguns cogumelos, como o *shitake* e o *champignon*, são utilizados como ingredientes no preparo de certos pratos e são ricos em alguns nutrientes.

No entanto, nem todos os cogumelos podem ser consumidos. Alguns são tóxicos e não devem ser ingeridos pelos seres humanos ou por outros animais. Por isso, não devemos tocar nem ingerir cogumelos sem ter conhecimento sobre eles.

Cogumelos *shitake*.

Por dentro do tema

Ciência e tecnologia

A descoberta do antibiótico

Leia o trecho da reportagem a seguir.

> **Falta de penicilina afeta pacientes no mundo**
>
> [...]
>
> A penicilina já foi considerada um remédio milagroso, mas hoje está escassa em todo o mundo, já que poucas empresas ainda a fabricam.
>
> Uma dose de benzatina penicilina, uma das formulações mais antigas do antibiótico, consegue curar os primeiros estágios da sífilis, doença mortal que assola a humanidade há mais de 500 anos e está crescendo novamente.
>
> [...]
>
> Falta de penicilina afeta pacientes no mundo, de Keila Guimarães. *Folha de S.Paulo*, São Paulo, 8 maio 2017. Disponível em: <www1.folha.uol.com.br/equilibrioesaude/2017/05/1881791-falta-de-penicilina-afeta-pacientes-no-mundo.shtml>. Acesso em: 29 dez. 2017.

O texto acima cita uma das mais importantes descobertas da ciência e que salvou, e ainda salva, a vida de muitas pessoas: a penicilina.

A penicilina é um antibiótico, medicamento utilizado para combater doenças causadas por bactérias. A descoberta desse medicamento envolveu dois seres vivos microscópicos: as bactérias e os fungos.

Em 1929, ao observar uma placa com <u>meio de cultura</u>, o cientista escocês Alexander Fleming (1881--1955) percebeu que as bactérias não se desenvolviam onde o fungo crescia. Ele descobriu que esses fungos produziam uma substância que inibia o crescimento das bactérias, a qual chamou penicilina.

A penicilina foi o primeiro antibiótico a ser produzido em grande quantidade. Algumas doenças antigamente consideradas fatais, como a meningite e a pneumonia, puderam ser tratadas com esse antibiótico.

Alexander Fleming observando uma placa com meio de cultura.

- As pesquisas científicas e a tecnologia podem salvar vidas. Você concorda com essa afirmação? Justifique sua resposta.

Pratique e aprenda

1. Leia o texto abaixo.

> Alguns ajudam a fabricar bebidas como o vinho e a cerveja, outros podem salvar uma plantação inteira do ataque de pragas. É graças a um deles que existe, hoje, um remédio muito potente, mas, também, há os que podem estragar um queijo ou um pão inteiro. Existem os que vemos pelo microscópio e os que enxergamos a olho nu. Há aqueles que a gente come, como certos cogumelos, e os que devemos manter bem longe da boca. Sabe de quem estamos falando? [...]
>
> Quando crescer, vou ser... micologista!, de Clara Meirelles. *Ciência Hoje das Crianças*. Rio de Janeiro: Instituto Ciência Hoje, ano 18, n. 160, p. 22, ago. 2005.

a. Marque um **X** no item que responde corretamente a questão que aparece ao final do texto.

◯ Bactérias.   ◯ Protozoários.   ◯ Fungos.

b. Como é chamado o remédio ao qual o texto se refere? Qual é a importância desse medicamento?

_____

_____

2. Observe a cena a seguir.

• Por que devemos guardar alguns alimentos, como o leite, na geladeira?

_____
_____
_____
_____
_____

LUCIANO, GUARDE O LEITE NA GELADEIRA, POR FAVOR!

Luciano e sua mãe.

3. Veja a imagem ao lado.

   a. Para que esse produto é utilizado?

   _____

   _____

   _____

   Trecho do rótulo de um produto de limpeza.

   b. O que a utilização desse produto pode evitar?

   _____

   c. Esse tipo de produto é utilizado em sua casa? Converse com os colegas sobre esse assunto.

4. Existem protozoários que parasitam o corpo dos seres humanos, causando algumas doenças.

   a. Ordene as sílabas de mesma cor e descubra o nome de três doenças causadas por protozoários.

to	ma	plas	do	a
gas	cha	ri	mo	se
lá	xo	en	de	ça

   🟧 _____ 🟪 _____ 🟩 _____

   b. Pesquise na internet e escreva no caderno as seguintes informações sobre essas doenças.

   • Como o protozoário é transmitido ao ser humano.

   • Principais sintomas da doença.

   • Como preveni-la.

   • Como é o tratamento.

   Em seguida, apresente oralmente as informações que você pesquisou e compare-as com as que seus colegas obtiveram.

Para fazer juntos!

Reúna-se com um colega e observem as fotos abaixo.

A Mulher pagando sua compra com dinheiro.

B Pessoas em um metrô.

Sabemos que os seres vivos microscópios estão em diversos locais e que eles podem ser transmitidos de uma pessoa a outra por meio do ar, do contato físico ou com objetos contaminados. Muitos desses seres vivos podem causar doenças ao ser humano e a outros animais.

1. Analisem e identifiquem em cada uma das fotos como elas podem ser associadas à transmissão de seres vivos microscópicos.

2. O que podemos fazer para evitar ou diminuir o contato com esses seres vivos, sabendo que alguns deles podem causar doenças?

3. Elaborem um cartaz com atitudes que ajudam a evitar algumas doenças causadas por seres vivos microscópicos.

Ponto de chegada

1. Retorne à questão **2** da página **75** e verifique se você precisa corrigir ou complementar sua resposta.

2. Elabore um quadro em seu caderno com as informações abaixo referentes às bactérias, aos protozoários e aos fungos.
   - Quantidade de células.
   - Como obtêm seu alimento.
   - Local onde geralmente são encontrados.
   - Benefícios aos outros seres vivos.
   - Utilização na fabricação de produtos.
   - Doenças que podem causar aos seres humanos.

unidade 6
Prevenindo doenças

Criança sendo vacinada.

Ponto de partida

1. O que você sabe sobre vacina?
2. Você já viu ou ouviu falar em campanhas de vacinação? Onde?
3. Você já tomou vacina em uma campanha de vacinação? Conte aos colegas como foi.

O que é saúde

Para fazer juntos!

Converse com um colega sobre o que é ter saúde.

Crianças brincando.

Ter saúde ou estar saudável vai além de não ter doenças. A saúde está relacionada a diversos fatores que influenciam nosso corpo, nossa mente e a convivência com as pessoas.

Entre os cuidados que devemos ter com a saúde, podemos citar:

- ter uma alimentação variada e em quantidade adequada;
- cuidar da higiene do corpo;
- realizar atividades físicas regularmente;
- dormir no mínimo oito horas por dia;
- relacionar-se bem com as pessoas;
- ter momentos de lazer;
- prevenir e tratar doenças.

Criança se alimentando.

- Sublinhe nos itens acima o(s) cuidado(s) com a saúde que você acha que não está tendo corretamente e que precisa melhorar.

Mesmo com os cuidados para manter a saúde do corpo que vimos anteriormente, podemos ficar doentes. Muitas vezes, ao adoecer, sentimos dores, cansaço e mal-estar. Esses sinais são conhecidos como sintomas.

Quando sentir algum sintoma, é importante pedir a um adulto que leve você ao médico. Nas próximas páginas, vamos conhecer alguns tipos de doenças que podem ocorrer no ser humano.

Pratique e aprenda

1. Responda às questões a seguir.

   a. Você já teve gripe? Em caso afirmativo, quais sintomas você sentiu?

   _____

   _____

   _____

   b. Converse com um colega sobre como essa doença foi tratada.

2. Em praças de muitas cidades existem academias ao ar livre. Nelas, há equipamentos para que as pessoas realizem diversos exercícios físicos.

   a. No município onde você mora existem academias ao ar livre? Em caso afirmativo, você ou alguém da sua família já utilizou alguma delas?

   _____

   _____

   _____

   _____

   Academia ao ar livre em Curitiba, Paraná, em 2015.

   b. Escreva em seu caderno sobre a importância das academias ao ar livre para a população.

Doenças transmissíveis

Veja a situação a seguir.

> DORINHA, VOCÊ PODE ESTAR DOENTE. VOU LEVÁ-LA AO MÉDICO. É MELHOR VOCÊ NÃO IR À AULA DE FUTEBOL HOJE.

> ATCHIM!!!

1. Nessa situação, Dorinha parece estar doente. De acordo com o sintoma apresentado, o que ela pode ter?

2. Em sua opinião, a doença de Dorinha pode ser transmitida a outras pessoas? De que maneira?

Na situação acima, Dorinha está gripada. A gripe é um exemplo de doença transmissível.

As **doenças transmissíveis** podem ser transmitidas diretamente de uma pessoa para outra ou pelo contato com água, solo, objetos, alimentos ou ar contaminados. Essas doenças são provocadas por agentes, como vírus, algumas bactérias ou alguns protozoários, que não podem ser vistos a olho nu.

Vírus

Os vírus são agentes que parasitam células de seres vivos. Ao invadir uma célula, os vírus podem se reproduzir e provocar doenças, como a gripe. Fora das células, os vírus permanecem inativos e não se reproduzem. Por isso, muitos cientistas não consideram os vírus como seres vivos.

O pai de Dorinha a levou a um posto de saúde. Enquanto esperava para ser atendida pelo médico, Dorinha viu informações presentes em dois cartazes. Veja.

O sarampo é uma doença comum na infância. Ele é provocado por um vírus que pode ser transmitido de uma pessoa para outra, geralmente por meio de gotículas de saliva lançadas no ar quando tossimos, espirramos, falamos ou respiramos.

Seus sintomas são: febre, tosse, irritação nos olhos, corrimento nasal e aparecimento de manchas avermelhadas no corpo.

Uma forma de prevenir o sarampo é a vacinação!

Recepção de posto de saúde.

3. De que maneira ocorre a transmissão do vírus causador do sarampo?

Algumas doenças podem ser transmitidas de uma pessoa doente para uma pessoa saudável diretamente pelo contato com sangue ou secreções do corpo, como a saliva. Essa forma de transmissão é chamada **transmissão direta**.

O sarampo, a catapora e a poliomielite (ou paralisia infantil) são exemplos de doenças que podem ocorrer por transmissão direta.

FEBRE AMARELA

A febre amarela é uma doença causada por um vírus que é transmitido para as pessoas por meio da picada de um mosquito contaminado pelo vírus.

Os principais sintomas são: febre, dor de cabeça, calafrios, náuseas, vômitos, dores no corpo, pele e olhos amarelados e sangramentos pelo corpo.

A forma mais eficaz de se proteger dessa doença é a vacinação.

4. Compare a forma de transmissão do sarampo e da febre amarela. O que há de diferente?

Algumas doenças são transmitidas para as pessoas por meio de alimentos, água, solo, objetos ou animais que apresentam os agentes causadores da doença. Essa forma de transmissão é chamada **transmissão indireta**.

A febre amarela, a dengue e a malária são exemplos de doenças transmitidas de forma indireta, pois os agentes causadores dessas doenças são transmitidos às pessoas por meio da picada de mosquitos.

Por dentro do tema

Vida familiar e social

Todos devem contribuir

A dengue é uma doença causada por um vírus que é transmitido aos seres humanos por meio da picada do mosquito *Aedes aegypti*. Alguns de seus sintomas são: febre alta, dor de cabeça, dor no corpo e atrás dos olhos. Em alguns casos, a dengue pode provocar a morte da pessoa.

Para combater a dengue e outras doenças transmitidas por meio da picada desse mosquito, como a zika e chikungunya, devemos evitar que ele se reproduza e se espalhe.

Cartaz de campanha contra o mosquito *Aedes aegypti*, realizada pelo Ministério da Saúde, em 2016.

A fêmea do mosquito põe seus ovos em locais onde há o acúmulo de água parada. Esses ovos dão origem a novos mosquitos. Por isso, devemos sempre verificar se em nossa residência há objetos que podem acumular água, como copos plásticos, tampas, latas, vasos, pneus, garrafas, sacos plásticos e lixeiras, e mantê-los tampados e em locais cobertos.

a. Onde você mora, há objetos ou locais em que pode acumular água? O que deve ser feito para evitar esse acúmulo?

b. Converse com um colega sobre o papel de cada pessoa no combate à proliferação do mosquito transmissor da dengue.

Verminoses

Além das doenças que você acabou de estudar, existem outras que são transmitidas de forma indireta, como as verminoses. Essas doenças são causadas por seres vivos conhecidos como vermes.

Esses seres vivos podem entrar em nosso corpo quando:

- ingerimos água e alimentos contaminados;
- não lavamos as mãos antes de nos alimentarmos;
- colocamos as mãos sujas na boca;
- caminhamos descalços no solo.

Veja a seguir alguns cuidados que devemos ter para evitar algumas verminoses.

Imagens sem proporção entre si.

A Lavar bem frutas e verduras antes de consumi-las.

B Beber água filtrada e fervida.

C Lavar as mãos antes de se alimentar e após usar o banheiro.

D Comer carnes bem cozidas.

5. Quais desses cuidados você tem em seu dia a dia?

6. Quais desses cuidados você precisa melhorar ou passar a ter?

Vacinação

A vacinação é a principal forma de prevenção de algumas doenças. As vacinas estimulam nosso corpo a produzir defesas contra alguns agentes que causam doenças.

Ao longo da vida, devemos tomar algumas vacinas. Para isso, existe um calendário que organiza as vacinas que precisamos tomar.

Após a infância, devemos continuar a nos vacinar para prevenir outras doenças e reforçar as vacinas já tomadas. Para isso, devemos ficar atentos às campanhas de vacinação lançadas pelo Ministério da Saúde e manter nossa Caderneta de vacinação atualizada.

Cartaz de uma campanha de vacinação contra a gripe realizada pelo Ministério da Saúde, em 2015.

Aprenda mais!

No *site* do *Ministério da Saúde*, você encontra as vacinas disponíveis no Calendário Nacional de Vacinação destinadas a crianças.

<http://portalms.saude.gov.br/acoes-e-programas/vacinacao/calendario-nacional-de-vacinacao/crianca>.

Acesso em: 2 jan. 2018.

Por dentro do tema

Ciência e tecnologia

A primeira vacina

Na Inglaterra, em 1796, ocorreram muitos casos de varíola, uma doença transmissível que provocou a morte de várias pessoas.

Naquela época, muitas pessoas que trabalhavam ordenhando vacas contraíram desses animais uma doença semelhante à varíola.

O médico britânico Edward Jenner (1749-1823) percebeu que essas pessoas se tornaram resistentes à varíola. Com base nessa observação, Jenner percebeu que poderia prevenir a varíola aplicando nas pessoas saudáveis o material retirado diretamente das feridas das vacas que tinham a doença semelhante à varíola e que, posteriormente, poderia ser passado de uma pessoa para outra.

Retrato de Edward Jenner.

O trabalho de Jenner favoreceu o desenvolvimento das vacinas. Somente a partir de 1885, surgiram as primeiras vacinas produzidas por meio de técnicas científicas, elaboradas pelo cientista francês Louis Pasteur (1822-1895).

Em 1980, após diversas campanhas de vacinação em todos os países, a Organização Mundial da Saúde (OMS) declarou oficialmente a extinção da varíola.

Esse é um exemplo da importância das pesquisas científicas para o desenvolvimento de produtos que melhoram a qualidade de vida das pessoas.

- Escreva um texto sobre a importância das pesquisas científicas para o desenvolvimento de vacinas para as diferentes doenças. E sobre os benefícios que essas pesquisas trazem para a sociedade. Em seguida, leia seu texto para os colegas.

Pratique e aprenda

1. Luísa e sua tia acabaram de chegar de um passeio. Observe a cena abaixo.

> VAMOS LAVAR AS MÃOS. ISSO AJUDA A EVITAR ALGUMAS DOENÇAS.

Luísa e sua tia lavando as mãos.

a. Por que a atitude de Luísa e da tia dela ajuda a evitar doenças?

_____

_____

b. Escreva a primeira letra de cada imagem e descubra o nome de algumas doenças que podem ser evitadas quando lavamos as mãos.

c. Escreva em seu caderno em quais situações de seu cotidiano você lava suas mãos.

d. Você precisa melhorar esse hábito? De que maneira? Escreva em seu caderno.

2. Leia a seguir as informações sobre uma verminose.

A ascaridíase é uma verminose causada por um verme conhecido como lombriga. Esse verme pode entrar no corpo quando ingerimos água e alimentos que contêm seus ovos, ou pelo contato com fezes humanas que contêm ovos desse verme.

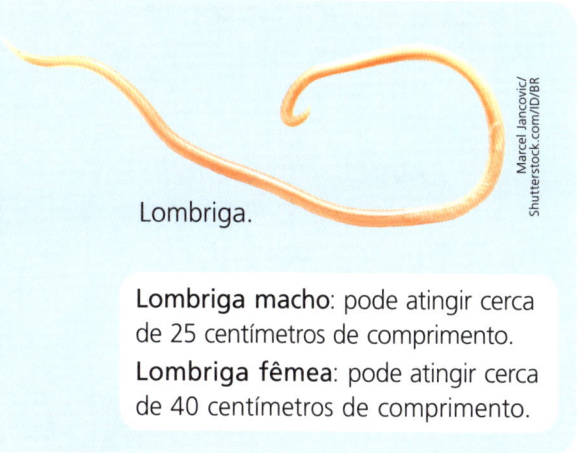

Lombriga.

Lombriga macho: pode atingir cerca de 25 centímetros de comprimento.
Lombriga fêmea: pode atingir cerca de 40 centímetros de comprimento.

Marque um **X** nas alternativas corretas sobre a ascaridíase.

a. A ascaridíase é uma doença de transmissão:

◯ direta. ◯ indireta.

b. A transmissão da ascaridíase ocorre:

◯ pela ingestão de água e de alimentos que contêm os ovos da lombriga.

◯ por meio de gotículas de saliva espalhadas no ar e que contêm os ovos da lombriga.

c. Agora, escreva de que forma podemos evitar a ascaridíase.

_____
_____
_____
_____

d. Com mais três colegas, pesquisem na internet informações sobre outra verminose, incluindo agente causador, formas de contágio, prevenção e tratamento. Em seguida, elaborem um cartaz apresentando essas informações. Com os demais colegas da sala, realizem uma campanha de prevenção às verminoses.

Doenças não transmissíveis

Veja a situação a seguir.

> RAQUEL, VOCÊ DEVE EVITAR ALIMENTOS COM AÇÚCAR, POIS VOCÊ TEM DIABETES!

> SIM, CLEBER. MAS ESSE IOGURTE É *DIET*, ELE CONTÉM POUCO AÇÚCAR.

Raquel tem diabetes do tipo 1, uma doença que dificulta a regulação da quantidade de açúcar no sangue. Se não for controlada, essa doença pode prejudicar alguns órgãos do corpo, como o coração e o cérebro.

Por causa do diabetes, Raquel deve evitar comer alimentos que contenham açúcar, como doces e massas, por exemplo, pães e macarrão.

Ela aprendeu a evitar esses alimentos, gosta de fazer atividades físicas e, com isso, leva uma vida normal.

O diabetes não é transmitido de uma pessoa para outra.

• Você já ouviu falar sobre a doença de Raquel?

O diabetes é uma doença **não transmissível**, pois não é transmitida pelo contato com pessoas doentes ou objetos, água e animais contaminados.

Além do diabetes, existem outras doenças não transmissíveis, como o câncer, a hipertensão arterial e a asma.

Não podemos prevenir todos os fatores que contribuem para que as doenças não transmissíveis ocorram. Mas os hábitos que temos durante a vida podem contribuir para evitá-las. Veja alguns desses hábitos.

- Não fumar.
- Evitar alimentos com muito açúcar e gordura.
- Não consumir bebidas alcoólicas.
- Realizar exercícios físicos regularmente.
- Evitar alimentos com muito sal.
- Ter os devidos cuidados ao ficar exposto à luz solar.

Ilustrações: Paula Radi

Pratique e aprenda

1. O tratamento das doenças deve ser feito com a orientação de um médico, em hospitais com condições adequadas. No entanto, isso não é uma realidade em todo o Brasil. Veja uma reportagem sobre esse assunto.

Hospital em SP tem pacientes em macas nos corredores e em colchões no chão

Pacientes em macas nos corredores, em colchões no chão, sujeira nos banheiros, falta de sabonete e papel higiênico, lixeiras quebradas, goteiras no teto e até oito horas de espera para ser atendido. [...]

Hospital em SP tem pacientes em macas nos corredores e em colchões no chão. *G1*, 8 jun. 2017. Disponível em: <http://g1.globo.com/sao-paulo/noticia/hospital-municipal-de-sp-tem-pacientes-em-macas-nos-corredores-e-ate-em-colchoes-no-chao.ghtml>. Acesso em: 3 jan. 2018.

Agora, responda às questões da próxima página.

a. Cite alguns prejuízos que a situação descrita no trecho da reportagem da página anterior traz para a população.

_____

_____

_____

b. A promoção, proteção e recuperação da saúde é um direito do cidadão, previsto na Constituição Federal. Esse direito está sendo respeitado na situação mostrada nessa reportagem? Justifique sua resposta.

_____

_____

_____

2. Ednaldo costuma comer alimentos com muito sal e gordura. Além disso, ele não pratica exercícios físicos e dificilmente anda a pé até os lugares, pois prefere ir de carro. Veja abaixo o que aconteceu com ele.

EDNALDO, VOCÊ ESTÁ COM HIPERTENSÃO ARTERIAL. PARA AJUDAR A COMBATER ESSA DOENÇA, VOCÊ DEVERÁ MUDAR ALGUNS DE SEUS HÁBITOS.

a. Marque um **X** na resposta correta.

A doença que Ednaldo apresenta é:

◯ transmissível.

◯ não transmissível.

Ednaldo em consulta médica.

b. Pinte os quadros que apresentam hábitos que Ednaldo deve incluir em seu cotidiano e que ajudam a combater a hipertensão arterial.

Ingerir alimentos com excesso de sal.	Ingerir alimentos com excesso de gordura.	Evitar alimentos com excesso de sal e gordura.
Deslocar-se sempre de carro.	Praticar atividades físicas.	Ser sedentário.

3. Pesquise em livros, revistas e na internet problemas de saúde relacionados aos maus hábitos citados abaixo. Anote o resultado de sua pesquisa no caderno e depois o apresente oralmente aos colegas.

- Fumar.
- Comer alimentos com excesso de gordura e açúcar.
- Ficar exposto à luz solar sem os devidos cuidados.

Ponto de chegada

1. Retorne à seção **Para fazer juntos** da página **89** e converse novamente com um colega sobre o que é ter saúde. Depois, cite em que aspectos você deve melhorar para cuidar mais de sua saúde.

2. Retome a resposta que você deu à questão **4** da página **93** e, se for preciso, complemente sua reposta. Em seguida, cite outro exemplo de doença com transmissão indireta e a principal maneira como essa doença é transmitida aos seres humanos.

3. Leia novamente o texto apresentado na seção da página **94** e responda se a dengue é uma doença de transmissão direta ou indireta. Em seguida, relacione a forma de transmissão dessa doença às principais medidas para sua prevenção.

4. Os hábitos apresentados na página **101** estão relacionados à transmissão de algum agente causador de doenças? Como esses hábitos se relacionam com as doenças não transmissíveis?

unidade 7
Os seres vivos no ambiente

Cena do filme *Procurando Nemo*. Direção de Andrew Stanton. Estados Unidos: Walt Disney Home, 2003 (60 min).

Ponto de partida

1. Você já assistiu ao filme *Procurando Nemo*? O que você sabe sobre ele?

2. Na cena acima, Marlin e Dory estão fugindo de um tubarão. Por que eles tomam essa atitude?

3. Os tubarões são animais herbívoros, carnívoros ou onívoros?

Relações alimentares entre os seres vivos

Na aula de Ciências, Mariana plantou feijões em dois recipientes (**A** e **B**). Diariamente, ambos receberam a mesma quantidade de água, mas foram mantidos em locais diferentes. Veja a seguir.

Feijoeiro: pode atingir cerca de 45 cm de altura.

Os feijões do recipiente **A** ficaram 15 dias no interior de uma caixa de sapatos com a tampa fechada, sem receber luz solar diretamente.

Os feijões do recipiente **B** ficaram 15 dias em um local em que recebiam luz solar diretamente no período da manhã.

Após observar o resultado do experimento, a professora de Mariana fez as seguintes questões aos alunos.

> 1 - A luz solar influenciou o processo de produção de alimentos desses feijoeiros? Como você percebeu isso no experimento?
>
> 2 - Como é chamado o processo pelo qual as plantas produzem seu próprio alimento?

Os seres vivos obtêm a energia e os materiais de que precisam para sobreviver a partir dos alimentos. O feijoeiro, por exemplo, produz seu próprio alimento utilizando a luz solar. Quando uma pessoa come feijão, parte da energia e dos materiais que se encontram no feijão é transferida para essa pessoa.

Os organismos podem se relacionar uns com os outros por meio da alimentação. Nessas relações, um ser vivo serve de alimento ao outro e ocorre a transferência de energia e de materiais entre eles.

Apenas parte da energia de um ser vivo é transferida ao outro durante as relações alimentares. Isso porque parte dela é utilizada para manter o organismo vivo e realizar suas atividades e a outra parte é perdida para o ambiente.

Veja no esquema a seguir como ocorre a transferência de energia no ambiente.

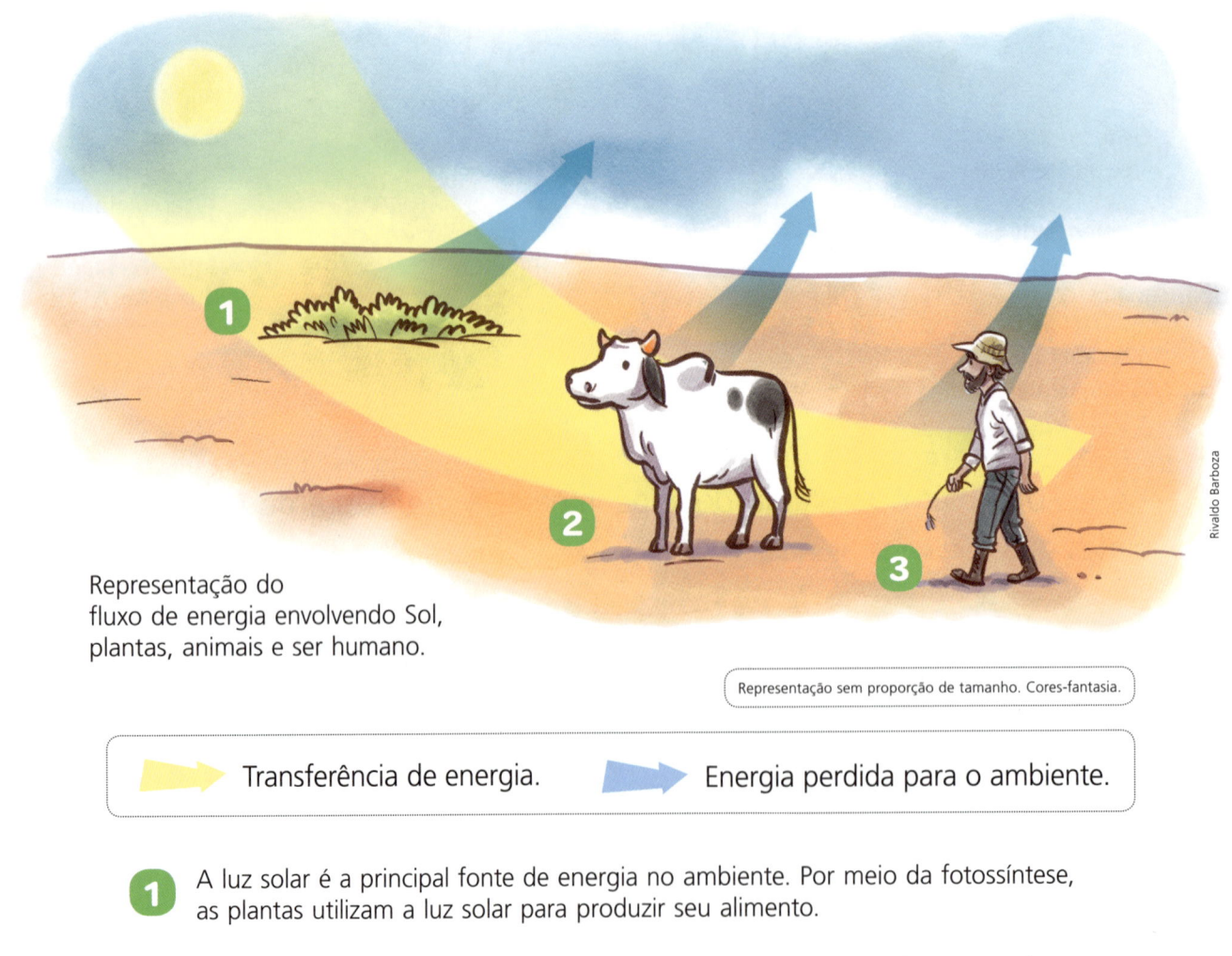

Representação do fluxo de energia envolvendo Sol, plantas, animais e ser humano.

Representação sem proporção de tamanho. Cores-fantasia.

➡ Transferência de energia.   ➡ Energia perdida para o ambiente.

1 A luz solar é a principal fonte de energia no ambiente. Por meio da fotossíntese, as plantas utilizam a luz solar para produzir seu alimento.

2 Alguns animais se alimentam de plantas. Nesse processo, parte da energia dessas plantas é transferida para o animal.

3 Alguns animais se alimentam de outros animais. Nesse processo, parte da energia de um animal é transferida ao outro.

A transferência de energia ocorre em apenas uma direção: dos organismos que produzem seu próprio alimento, como as plantas, para os demais organismos envolvidos na relação.

Em busca de alimentos, os seres vivos estabelecem diversas relações alimentares nos ambientes. Veja abaixo alguns exemplos.

A

A **herbivoria** é a relação entre o animal herbívoro e a planta. Os herbívoros comem plantas inteiras ou parte delas. Dessa forma, a planta fornece energia para o animal herbívoro. A zebra, por exemplo, se alimenta de plantas.

Zebras se alimentando de plantas.

Zebra: pode atingir cerca de 2,5 m de comprimento.

B

A **predação** é a relação entre o predador e a presa. Os predadores capturam as presas e se alimentam delas. Dessa forma, a presa fornece energia para o predador. O leão-marinho, por exemplo, se alimenta de outros animais, como os peixes.

Leão-marinho se alimentando de um peixe.

Leão-marinho: pode atingir cerca de 2,4 m de comprimento.

presa

predador

1. Existe algum animal que se alimenta de zebras, como as da foto **A**? Cite um exemplo.

2. E de leões-marinhos, como o da foto **B**? Cite um exemplo.

No ambiente, as relações alimentares não ocorrem apenas entre dois seres vivos, elas envolvem diversos organismos. Nesse processo, um ser vivo transfere energia para o outro, formando uma sequência de relações alimentares. Essa sequência é chamada **cadeia alimentar**.

Para facilitar o estudo da cadeia alimentar, os seres vivos podem ser divididos em três grupos: produtores, consumidores e decompositores, dependendo do papel que desempenham nessas relações.

Cadeia alimentar

Exemplo de cadeia alimentar terrestre.

II Consumidores

- São seres vivos que não são capazes de produzir seu próprio alimento. Por isso, eles se alimentam de outros seres vivos para obter os nutrientes e a energia de que precisam.

Galinha: pode atingir cerca de 60 cm de comprimento.

I Produtores

- São seres vivos que produzem seu próprio alimento, como as plantas.

Piolho-de-cobra: pode atingir cerca de 30 cm de comprimento.

A **galinha** se alimenta do piolho-de-cobra. Nessa cadeia alimentar, a galinha é um consumidor secundário.

O **piolho-de-cobra** se alimenta do capim. Nessa cadeia alimentar, o piolho-de-cobra é um consumidor primário.

Capim: pode atingir cerca de 60 cm de altura.

O **capim** produz seu próprio alimento.

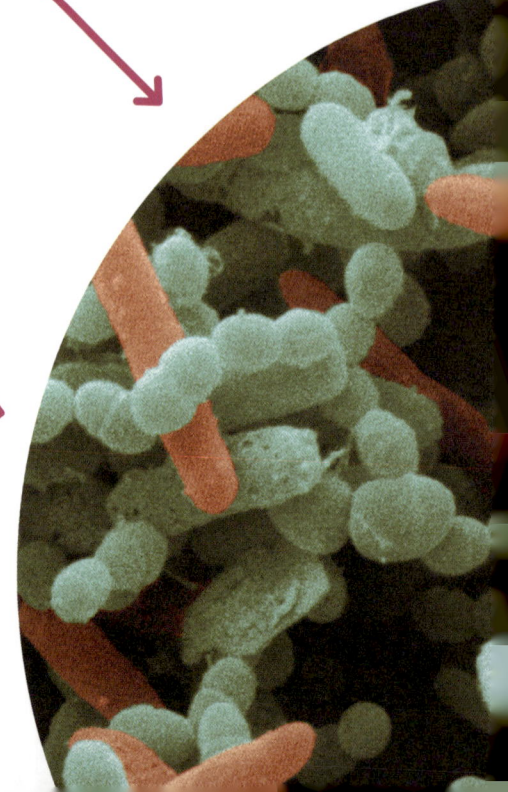

As **bactérias** e os **fungos decompositores** são seres vivos que decompõem os restos de outros seres vivos da cadeia alimentar. Imagem obtida por um microscópio, ampliada cerca de 5 000 vezes e colorizada em computador.

- Os consumidores podem ser classificados em primários, secundários, terciários, quaternários e assim por diante.

Gambá: pode atingir cerca de 94 cm de comprimento.

O **gambá** se alimenta da galinha. Nessa cadeia alimentar, o gambá é um consumidor terciário.

Onça-pintada: pode atingir cerca de 1,8 m de comprimento.

A **onça-pintada** se alimenta do gambá. Nessa cadeia alimentar, a onça-pintada é um consumidor quaternário.

Decompositores

- São bactérias e fungos que transformam restos de seres vivos em substâncias que podem ser aproveitadas por outros seres vivos.

Nas páginas anteriores, você viu um exemplo de cadeia alimentar em um ambiente terrestre. Também existem cadeias alimentares em ambientes aquáticos. Além disso, uma cadeia alimentar pode envolver seres vivos de diferentes ambientes, como o terrestre e o aquático. Veja abaixo.

1. jacaré
2. fungos e bactérias decompositores
3. plantas aquáticas
4. pacu
5. piranha

Representação sem proporção de tamanho. Cores-fantasia.

Representação de cadeia alimentar aquática.

3. Na cadeia alimentar representada acima, identifique e escreva quem é o:

Produtor. _____

Consumidor primário. _____

Consumidor secundário. _____

Consumidor terciário. _____

Aprenda mais!

Animais da Amazônia: conheça as cadeias alimentares da floresta

Acesse o *site Atividades Educativas* e entenda algumas cadeias alimentares da floresta Amazônica. Conheça características de alguns animais, do que eles se alimentam e se costumam se alimentar durante a noite ou durante o dia.

<www.atividadeseducativas.com.br/index.php?id=11759>

Acesso em: 8 jan. 2018.

Na natureza, os seres vivos podem fazer parte de mais de uma cadeia alimentar.

O conjunto de várias cadeias alimentares que se ligam forma uma **teia alimentar**. Veja abaixo um exemplo.

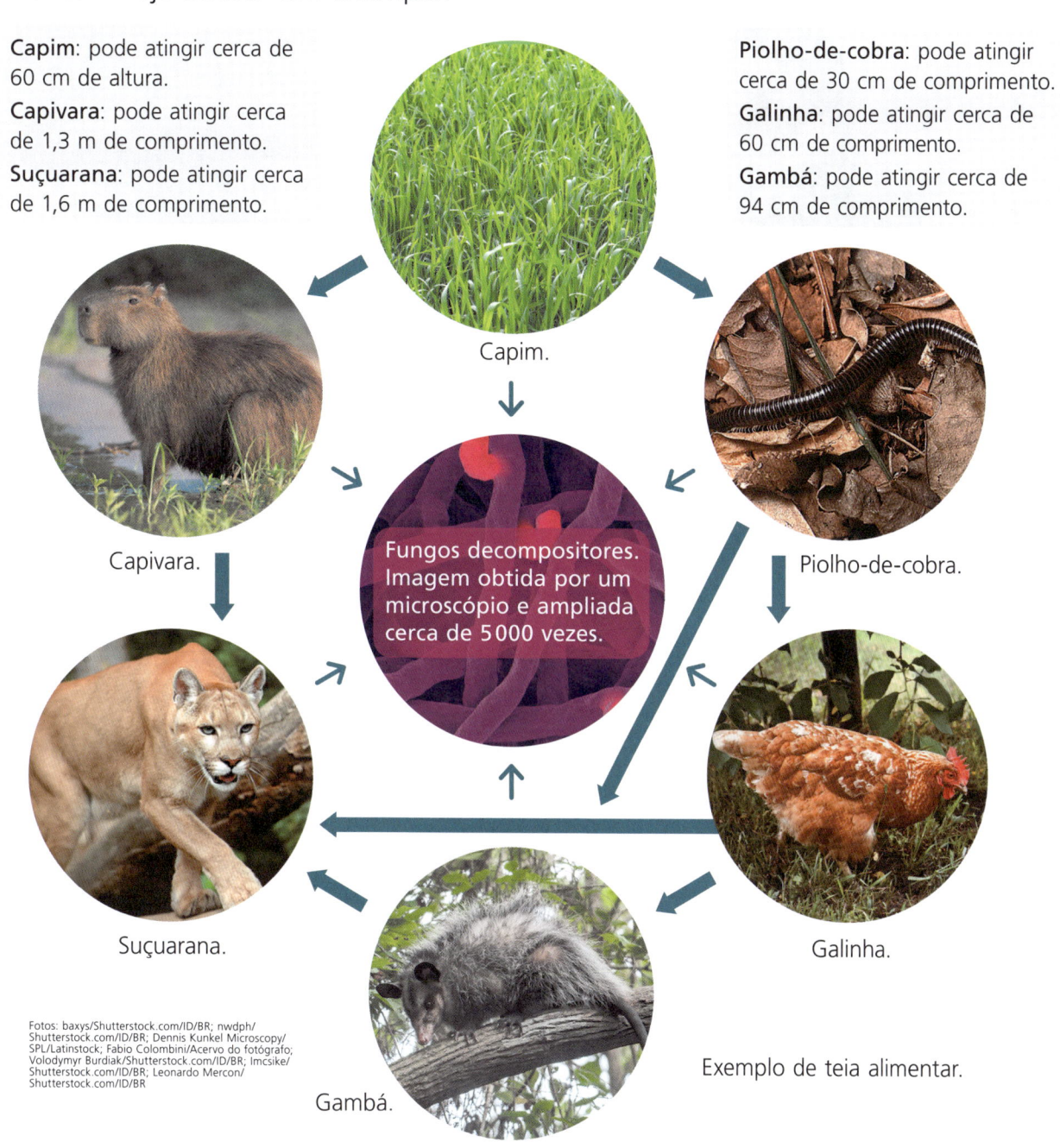

Capim: pode atingir cerca de 60 cm de altura.
Capivara: pode atingir cerca de 1,3 m de comprimento.
Suçuarana: pode atingir cerca de 1,6 m de comprimento.

Piolho-de-cobra: pode atingir cerca de 30 cm de comprimento.
Galinha: pode atingir cerca de 60 cm de comprimento.
Gambá: pode atingir cerca de 94 cm de comprimento.

Capim.

Capivara.

Fungos decompositores. Imagem obtida por um microscópio e ampliada cerca de 5 000 vezes.

Piolho-de-cobra.

Suçuarana.

Galinha.

Gambá.

Exemplo de teia alimentar.

4. Quantas cadeias alimentares você identifica nessa teia? Escreva duas delas.

_____
_____
_____

Investigue e aprenda

O QUE ACONTECE APÓS 15 DIAS COM PARTES DE PLANTAS E COM MATERIAIS, COMO O PLÁSTICO, QUANDO SÃO DESCARTADOS SOBRE O SOLO NO AMBIENTE?

Vou precisar de:

- cascas de 3 bananas;
- cascas de 3 laranjas;
- folhas de plantas coletadas do chão;
- sacola plástica;
- 4 garrafas plásticas transparentes de 2 L;
- terra;
- água;
- papel;
- fita adesiva;
- caneta.

A Peça a um adulto que corte a parte superior das garrafas transparentes para obter quatro recipientes com aproximadamente 15 cm de altura cada um.

Parte inferior da garrafa cortada.

cerca de 15 cm

Imagem que representa a etapa **A**.

B Utilize papel, fita adesiva e caneta para numerar cada recipiente com etiquetas de **1** a **4**.

C Coloque as cascas de banana no recipiente **1**, as cascas de laranja no recipiente **2**, as folhas de plantas no recipiente **3** e a sacola plástica no recipiente **4**.

D Coloque uma camada de terra de 5 cm de altura sobre o material de cada um dos recipientes.

E Coloque um pouco de água em cada recipiente apenas para umedecer a terra.

F Observe os recipientes diariamente por 15 dias. A cada 4 dias, umedeça a terra com um pouco de água. Anote suas observações no caderno.

Imagem que representa as etapas B, C, D e E.

cascas de banana — cascas de laranja — folhas de plantas — sacola plástica

Relatando o que observei

1. O que aconteceu com o conteúdo de cada recipiente? Por que isso aconteceu?

2. Por que as transformações que ocorreram são importantes para o ambiente?

3. Converse com os colegas sobre o tempo de decomposição da sacola plástica e sua relação com a poluição ambiental.

4. Retome a questão inicial e relacione o que você observou nessa atividade com sua resposta, alterando-a ou complementando-a, se necessário.

Pratique e aprenda

1. Veja a seguir alguns seres vivos encontrados no oceano.

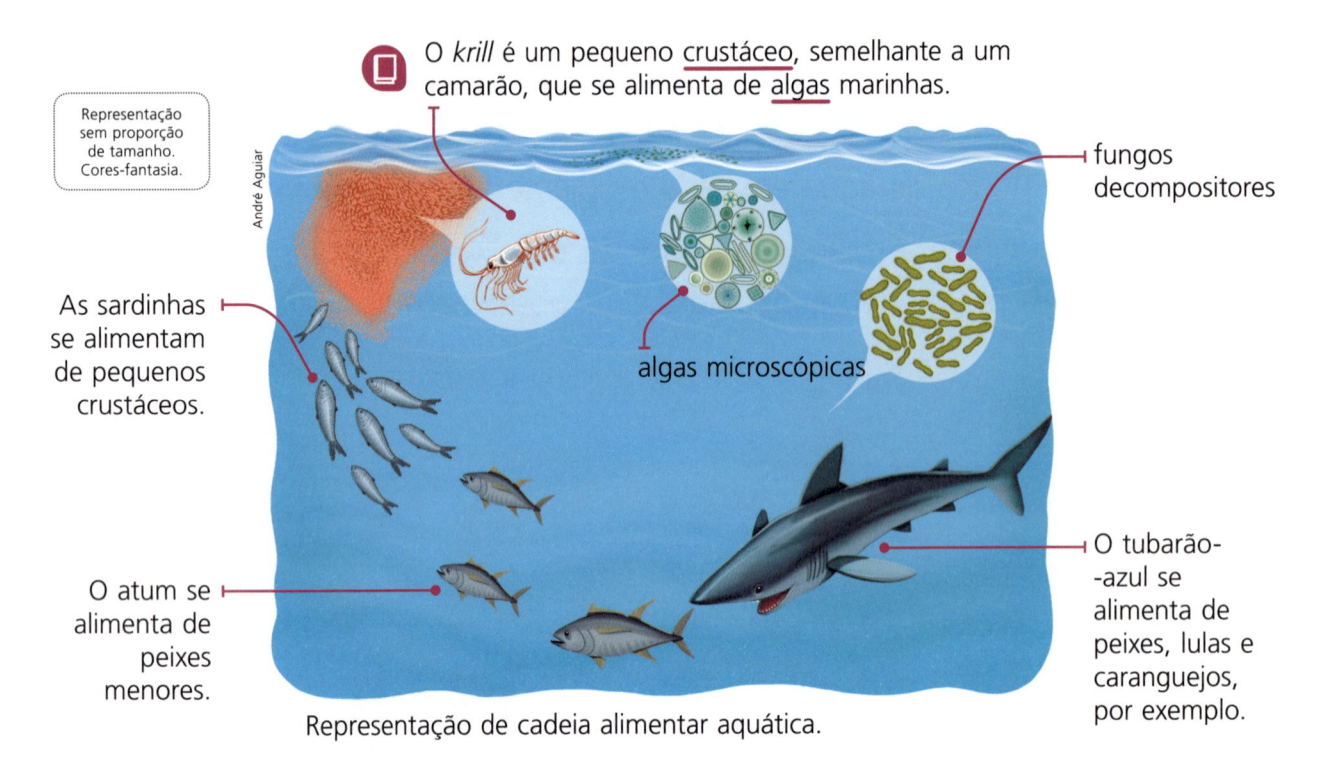

O *krill* é um pequeno crustáceo, semelhante a um camarão, que se alimenta de algas marinhas.

Representação sem proporção de tamanho. Cores-fantasia.

fungos decompositores

As sardinhas se alimentam de pequenos crustáceos.

algas microscópicas

O atum se alimenta de peixes menores.

O tubarão-azul se alimenta de peixes, lulas e caranguejos, por exemplo.

Representação de cadeia alimentar aquática.

a. No espaço abaixo, monte uma cadeia alimentar contendo todos os seres vivos apresentados nessa ilustração. Atente para a direção das setas, que representam o fluxo de energia entre esses seres vivos.

	→		→	
				↓
	←		←	

b. Escreva abaixo quem é o:

- consumidor primário. _____
- consumidor secundário. _____
- consumidor terciário. _____
- consumidor quaternário. _____

114 Cento e quatorze

Veja a seguir parte de uma cadeia alimentar que envolve o jatobá, o macaco-prego, a cutia e a jaguatirica.

Jatobá: pode atingir cerca de 20 m de altura.

Jatobá.

Sementes de jatobá.

Semente de jatobá: pode atingir cerca de 2,8 cm de comprimento.

1

Macaco-prego: pode atingir cerca de 50 cm de comprimento.

O **macaco-prego** se alimenta da polpa do fruto do jatobá e descarta as sementes, que ficam no interior das vagens. As sementes caem no solo próximo à planta de origem.

3

Jaguatirica: pode atingir cerca de 1,3 m de comprimento

2

Cutia: pode atingir cerca de 50 cm de comprimento.

A **jaguatirica** se alimenta principalmente de mamíferos pequenos, como a cutia.

A **cutia** se alimenta das sementes do jatobá caídas no chão e enterra algumas delas. Essas sementes enterradas podem germinar, dando origem a uma nova planta.

Todos os seres vivos desempenham um importante papel nas cadeias alimentares. Caso a população de algum deles aumente ou diminua, ou alguma delas seja removida do ambiente, poderá ocorrer desequilíbrio nas relações alimentares.

Muitas vezes, os desequilíbrios nas cadeias alimentares são provocados por ações do ser humano no ambiente, como queimadas, caça ilegal, pesca predatória e poluição do ar, da água e do solo.

Na cadeia alimentar acima, por exemplo, a remoção de jatobás do ambiente reduz a quantidade de alimento disponível para os macacos-prego e para as cutias. Com menos alimento, pode ocorrer a redução da população desses animais, reduzindo, por sua vez, a disponibilidade de alimento às jaguatiricas.

Por dentro do tema

Educação ambiental

Controle biológico na agricultura

Em muitas plantações, alguns animais, conhecidos como pragas agrícolas, podem se alimentar das plantas cultivadas, causando prejuízos aos agricultores.

Geralmente, para combater essas pragas, são utilizados produtos químicos conhecidos como agrotóxicos. Porém, quando esses produtos são utilizados em excesso e de maneira inadequada, podem prejudicar os seres vivos e o ambiente, por meio da contaminação do solo, do ar e da água.

Uma alternativa para diminuir o uso dos agrotóxicos é utilizar predadores, como insetos, que se alimentam dessas pragas, reduzindo sua população. Essa técnica é chamada **controle biológico**.

Lagarta *Helicoverpa armigera* se alimentando de folha de algodoeiro.

Lagarta: pode atingir cerca de 4 cm de comprimento.

A lagarta da mariposa *Helicoverpa armigera* tem causado grandes prejuízos às plantações de soja, milho e algodão. Para controlar essa praga, os agricultores foram orientados a utilizar a vespa *Trichogramma* sp., que parasita diferentes fases de desenvolvimento da mariposa, como os ovos, as lagartas e as formas adultas.

- Qual é a vantagem do controle biológico para o ambiente? E para a saúde da população?

Pratique e aprenda

1. Leia o trecho de reportagem abaixo.

Desequilíbrio ambiental faz com que animais silvestres invadam as cidades

Sexta-feira, 19, uma sucuri de quase 4 metros foi encontrada em Belém. Desmatamento e queimadas forçam os animais a fugirem para as cidades.

A saída de muitos animais da floresta não é um bom sinal. As queimadas e o desmatamento das matas próximo aos centros urbanos acabam provocando desequilíbrio ambiental, com isso animais silvestres invadem o perímetro urbano atrás de comida.

[...]

Desequilíbrio ambiental faz com que animais silvestres invadam as cidades. *G1*, 28 ago. 2016. Disponível em: <http://g1.globo.com/pa/para/noticia/2016/08/desequilibrio-ambiental-faz-com-que-animais-silvestres-invadam-cidades.html>. Acesso em: 9 jun. 2017.

---

a. Qual é o assunto abordado na reportagem?

_____

_____

b. Quais foram as principais causas da invasão de animais silvestres na cidade de Belém, citadas na reportagem?

_____

_____

c. Escreva sobre a relação entre a destruição da vegetação do ambiente e o desequilíbrio das cadeias alimentares.

_____

_____

_____

_____

2. O sapo-ferreiro se alimenta de gafanhotos, que, por sua vez, se alimentam de capim. Veja abaixo o que aconteceu com esses seres vivos no ambiente.

Diversos motivos, como o desmatamento e a poluição de corpos-d'água, fizeram com que ao longo do tempo a população desses anfíbios diminuísse muito.

Representação do que ocorreu com o capim, os gafanhotos e os sapos, ao longo do tempo.

Representação sem proporção de tamanho. Cores-fantasia.

a. Com a diminuição da população dos sapos, ocorreram alterações na população de gafanhotos e de capim desse ambiente. Desenhe (↑) para a população que aumentou e (↓) para a população que diminuiu.

◯ População de gafanhotos.

◯ População de capim.

b. Qual é o principal responsável pelo desequilíbrio ocorrido na cadeia alimentar acima?

_____

Ponto de chegada

1. Retorne à questão **2** da página **104** e verifique se você a respondeu corretamente. Qual é o tipo de relação alimentar que os tubarões estabelecem com os animais semelhantes à Dory e ao Marlin?

2. Retorne à questão **4** da página **111** e escolha uma cadeia alimentar que você citou e que tenha consumidores primário, secundário, terciário e quaternário. Em seguida, represente essa cadeia em seu caderno, identificando os nomes dos seres vivos e o tipo de consumidor.

unidade

8 Corpo humano

Dançarino de frevo na praça do Marco Zero, em Recife, Pernambuco, em 2016.

Ponto de partida

1. Você conhece essa dança?

2. Cite algumas partes do corpo que a pessoa mostrada na imagem está movimentando durante a dança.

3. O que faz com que essas partes do corpo se movimentem?

Organização do corpo humano

Como você estudou neste volume, a saúde está relacionada ao bem-estar físico, mental e social.

Para manter a saúde do corpo, é importante conhecermos como ele é organizado e como realiza diversas tarefas. É sobre esse assunto que vamos estudar nesta unidade.

Para fazer juntos!

A imagem abaixo mostra uma cena do filme *Osmose Jones*, 2001.

Cena do filme *Osmose Jones*. Direção: Bobby Farrelly e Peter Farrelly, 2001 (95 min).

Nesse filme, o personagem Frank não costuma ter hábitos de higiene em seu dia a dia, nem cuida da higiene dos alimentos. Por isso, Frank fica doente e uma batalha se inicia dentro de seu corpo. Nessa batalha, Jones, uma célula de defesa do corpo, ajudará Frank a recuperar sua saúde.

Junte-se a um colega e imaginem que vocês, assim como o personagem Jones, são uma célula de defesa do corpo humano e irão fazer uma viagem pelo interior do corpo.

- O que vocês acham que encontrariam dentro do corpo humano?

Se fosse possível fazer uma viagem ao interior do nosso **organismo**, encontraríamos diferentes **sistemas**. Continuando a viagem, passaríamos por diversos **órgãos** e **tecidos** e, finalmente, chegaríamos a uma estrutura muito pequena, a **célula**.

Para compreender melhor o funcionamento do corpo humano, vamos conhecer um pouco sobre os níveis de organização. Veja o esquema a seguir.

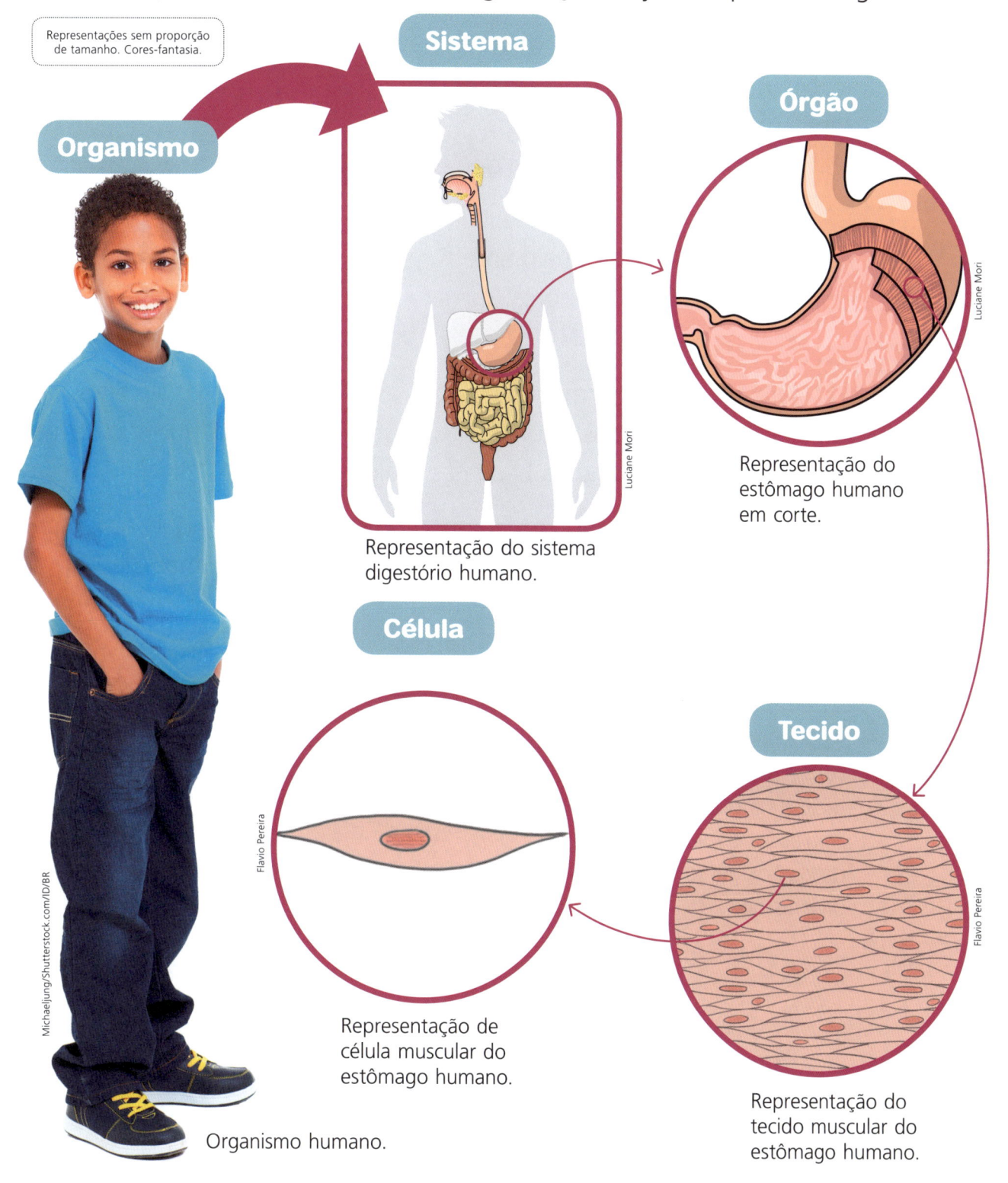

Representações sem proporção de tamanho. Cores-fantasia.

Organismo

Sistema

Órgão

Representação do sistema digestório humano.

Representação do estômago humano em corte.

Célula

Tecido

Representação de célula muscular do estômago humano.

Representação do tecido muscular do estômago humano.

Organismo humano.

Agora, vamos estudar um pouco mais sobre cada um desses níveis de organização do corpo humano. Para isso, vamos iniciar do menor nível de organização (a célula) para o maior nível (o organismo).

Célula

Em 1665, o cientista inglês Robert Hooke percebeu a existência de pequenos compartimentos no pedaço de cortiça que estava observando em um microscópio. A esses compartimentos microscópicos ele deu o nome de **célula**.

Ao observar as células individualmente, Hooke relatou que elas são as menores unidades de um ser vivo.

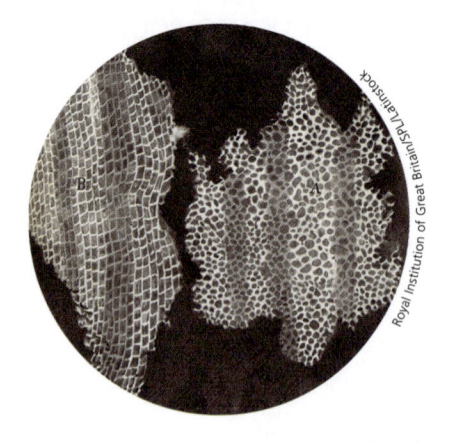

Desenho feito por Robert Hooke da cortiça vista de um microscópio.

Todos os seres vivos são formados por células. As plantas e os animais, por exemplo, são formados por várias células. Mas existem seres vivos que são formados por apenas uma célula, como as bactérias e alguns fungos.

Um organismo pode apresentar diferentes tipos de células, que desempenham diferentes funções. O corpo humano, por exemplo, possui mais de 200 tipos de células e cada um deles apresenta uma estrutura específica. Veja abaixo dois tipos de células existentes no corpo humano.

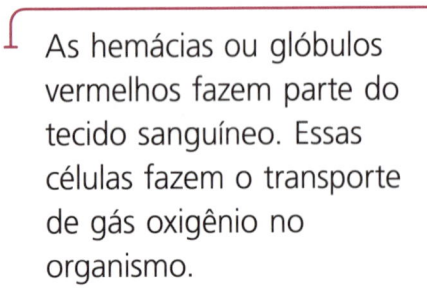

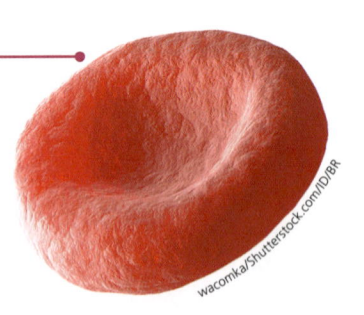

As hemácias ou glóbulos vermelhos fazem parte do tecido sanguíneo. Essas células fazem o transporte de gás oxigênio no organismo.

Representação de hemácia humana.

Representações sem proporção de tamanho. Cores-fantasia.

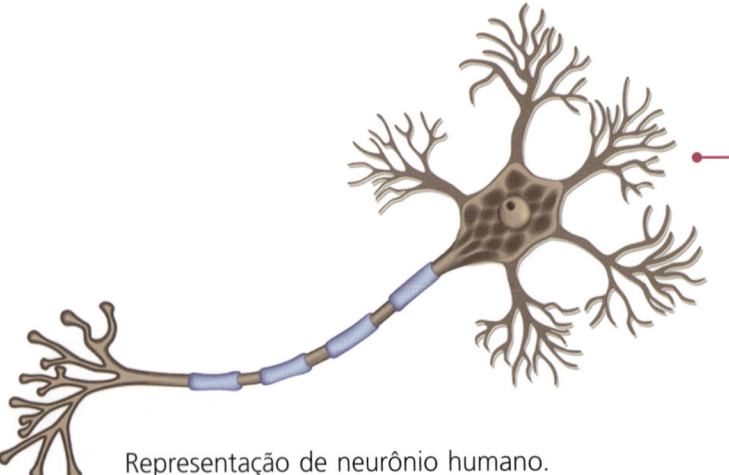

Os **neurônios** compõem o tecido nervoso, que forma órgãos como o encéfalo e a medula espinal.

Representação de neurônio humano.

Apesar de existirem vários tipos de células animais, elas apresentam uma estrutura básica comum, composta por membrana plasmática, núcleo e citoplasma. Veja abaixo.

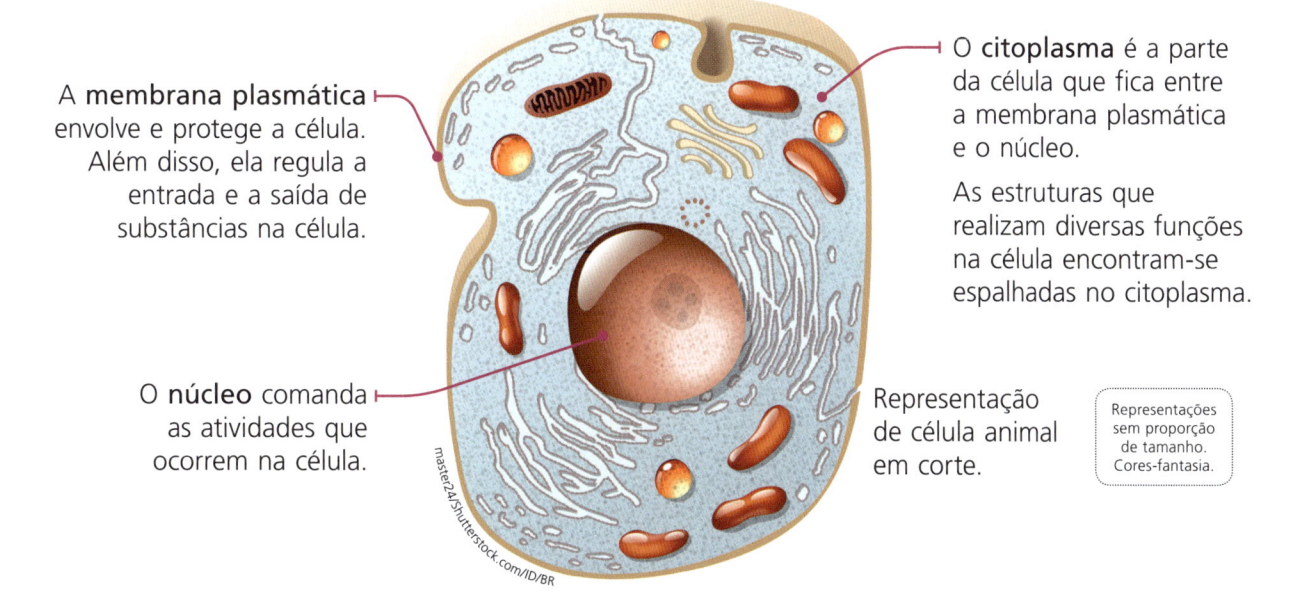

A **membrana plasmática** envolve e protege a célula. Além disso, ela regula a entrada e a saída de substâncias na célula.

O **núcleo** comanda as atividades que ocorrem na célula.

O **citoplasma** é a parte da célula que fica entre a membrana plasmática e o núcleo.

As estruturas que realizam diversas funções na célula encontram-se espalhadas no citoplasma.

Representação de célula animal em corte.

Representações sem proporção de tamanho. Cores-fantasia.

As plantas também possuem células!

Assim como os demais seres vivos, as plantas também possuem células. Porém elas apresentam algumas estruturas diferentes das células animais. Veja abaixo a estrutura básica da célula vegetal.

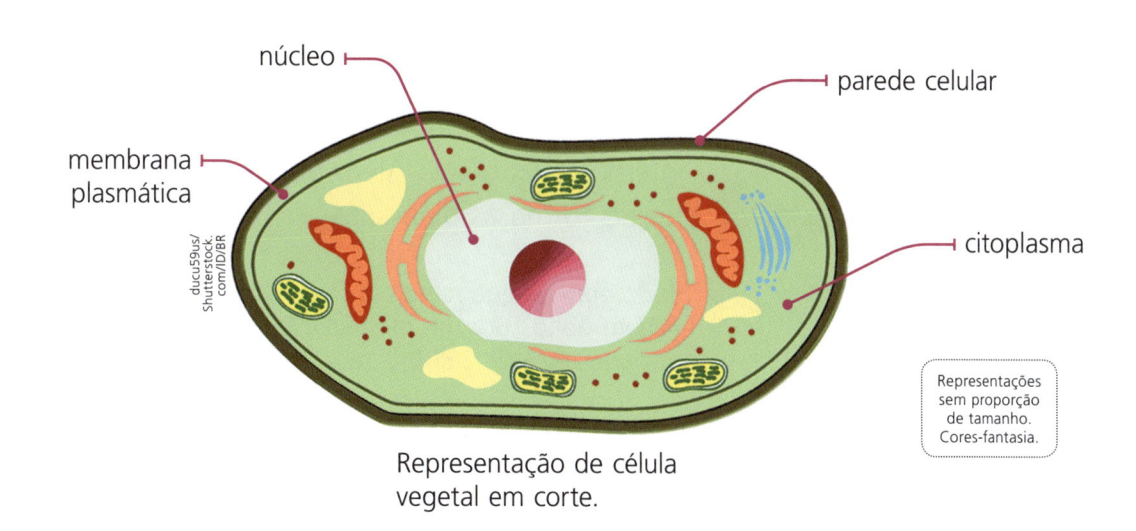

- núcleo
- membrana plasmática
- parede celular
- citoplasma

Representação de célula vegetal em corte.

Representações sem proporção de tamanho. Cores-fantasia.

- O que as células animal e vegetal têm em comum?

Uma das diferenças entre a célula animal e a célula vegetal é a presença da parede celular, que protege e dá forma às células das plantas.

Tecidos

As células do nosso corpo não trabalham sozinhas, mas sim em conjunto. Células semelhantes que juntas desempenham um determinado papel no organismo formam um conjunto chamado **tecido**.

Os tecidos do corpo humano podem ser, basicamente, de quatro tipos: conjuntivo, nervoso, epitelial e muscular. Veja abaixo.

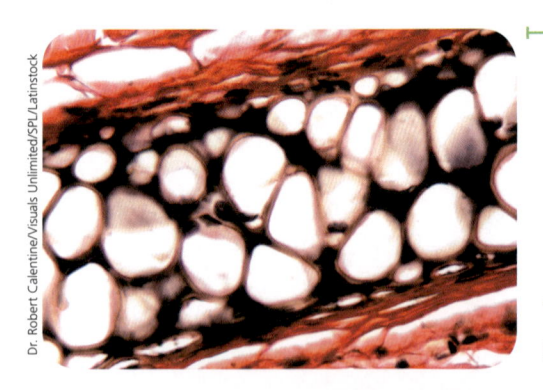

O **tecido conjuntivo** é o que se encontra em maior quantidade no corpo humano. Esse tecido está associado a diferentes papéis no organismo, como o de sustentação dos órgãos e o de preenchimento dos espaços entre eles.

Tecido conjuntivo do tipo cartilagem. Imagem obtida por um microscópio e ampliada cerca de 100 vezes.

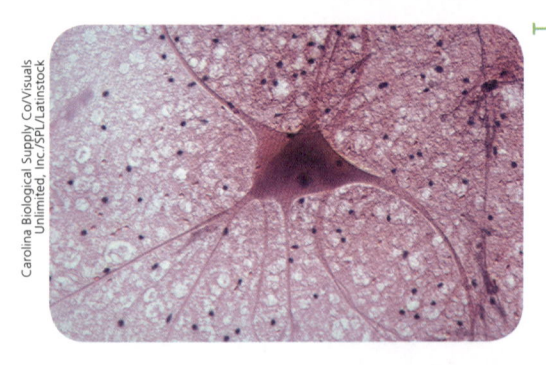

O **tecido nervoso** compõe órgãos como o encéfalo, que coordena diversas atividades do corpo.

Parte de um tecido nervoso, destacando um neurônio. Imagem obtida por um microscópio e ampliada cerca de 55 vezes.

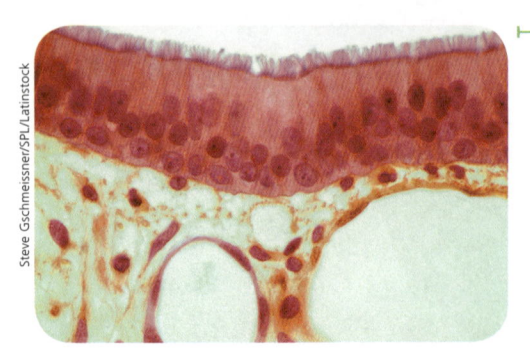

O **tecido epitelial** reveste as superfícies internas e externas. Além disso, esse tipo de tecido forma as glândulas.

Tecido epitelial que reveste a traqueia. Imagem obtida por um microscópio e ampliada cerca de 3 300 vezes.

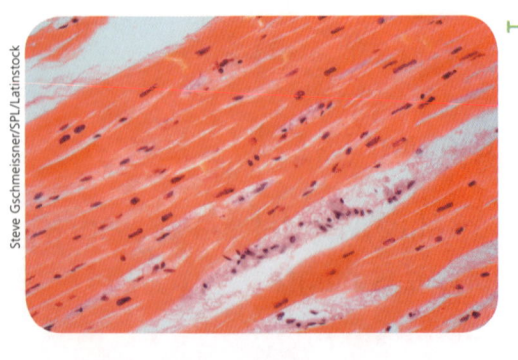

O **tecido muscular** é um dos tecidos que possibilitam os movimentos do corpo humano.

Tecido muscular que faz parte do coração. Imagem obtida por um microscópio e ampliada cerca de 150 vezes.

Órgãos

💬 **1.** O que você sabe sobre órgãos?

Os órgãos do corpo humano são formados por dois ou mais tecidos. Cada tecido apresenta características diferentes, que auxiliam o órgão a realizar suas atividades.

O estômago é um exemplo de órgão. Ele é formado, basicamente, por tecido epitelial e tecido muscular.

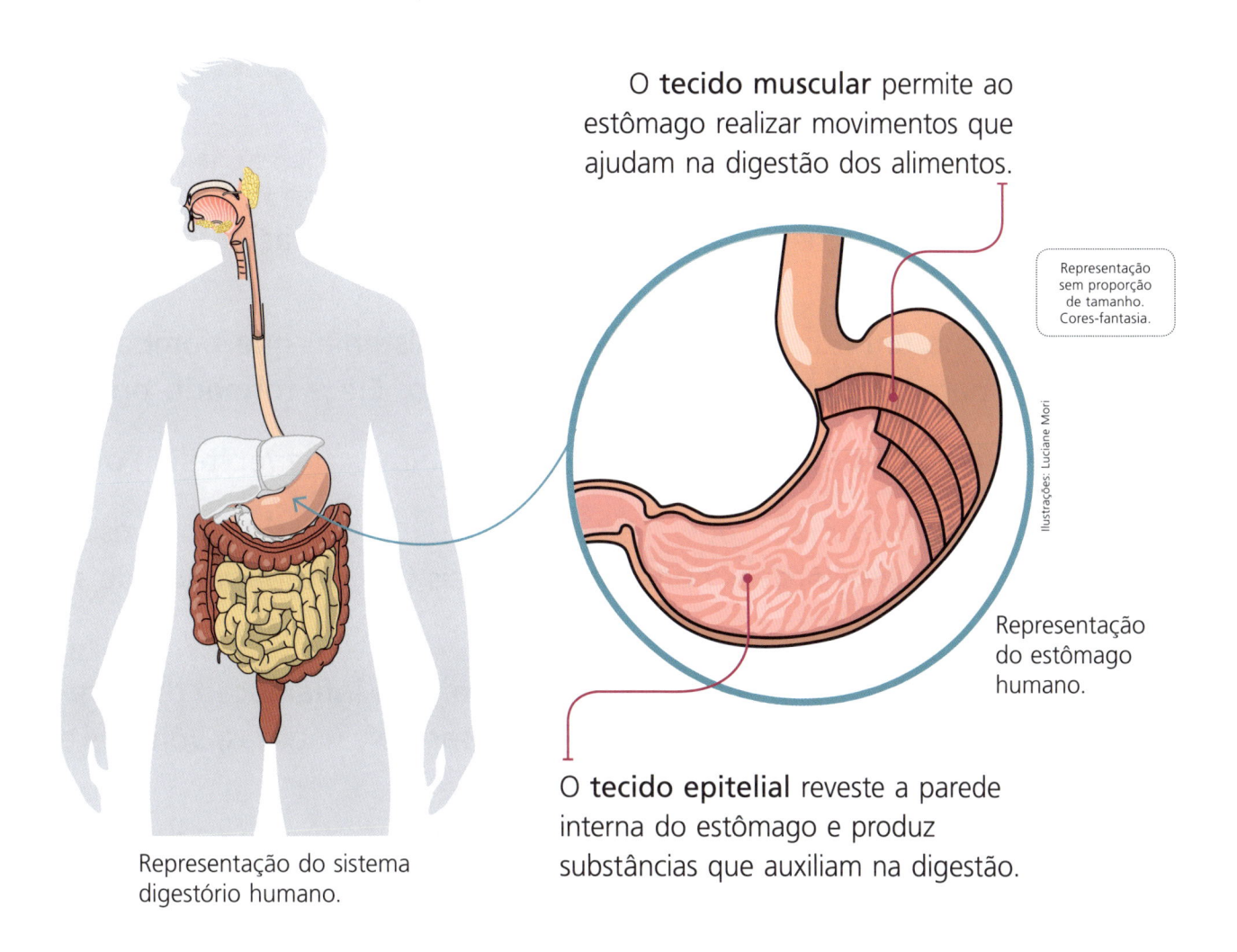

O **tecido muscular** permite ao estômago realizar movimentos que ajudam na digestão dos alimentos.

Representação sem proporção de tamanho. Cores-fantasia.

Ilustrações: Luciane Mori

Representação do estômago humano.

Representação do sistema digestório humano.

O **tecido epitelial** reveste a parede interna do estômago e produz substâncias que auxiliam na digestão.

Existem diversos órgãos no corpo humano que desempenham diferentes funções. O coração, por exemplo, é o órgão responsável por bombear o sangue que é distribuído pelo corpo; o encéfalo é o órgão que comanda e coordena diversas atividades que realizamos; os intestinos participam da absorção de nutrientes durante a digestão; a bexiga urinária armazena a urina.

💬 **2.** Você conhece outro órgão do corpo humano e sua função? Converse com os colegas sobre esse assunto.

Pratique e aprenda

1. Ligue o nome de cada parte da célula à sua descrição e à sua representação na imagem.

Representação sem proporção de tamanho. Cores-fantasia.

Citoplasma

Envolve e protege a célula e controla a entrada e saída de substâncias.

Núcleo

Parte da célula onde se encontram as estruturas que realizam diversas funções na célula.

Membrana plasmática

Coordena as atividades que ocorrem na célula.

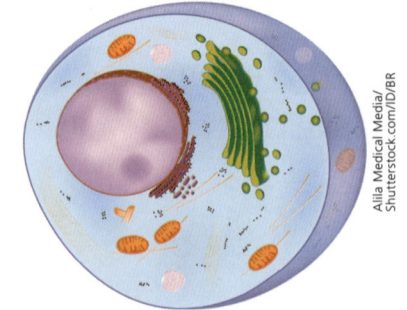

Representação de célula animal em corte.

2. Complete os espaços do texto a seguir com as palavras entre parênteses adequadas.

O coração é um _____ (tecido/órgão/sistema) que bombeia o sangue para ser distribuído por todo o corpo. Ele é formado principalmente por tecido _____ (nervoso/muscular/epitelial) que, por sua vez, é formado por _____ (tecidos nervosos/células musculares/órgãos epiteliais), as quais têm a capacidade de se contrair e relaxar.

3. A gastrite é uma doença que se caracteriza pela inflamação da parede que reveste o estômago, podendo causar dor, náuseas, vômitos e perda de apetite.

a. Marque um **X** no principal tipo de tecido que é afetado na gastrite.

◯ Epitelial. ◯ Muscular. ◯ Nervoso.

b. Qual é o principal papel no organismo do tecido que é afetado pela gastrite? Se necessário, faça uma pesquisa.

_____

_____

c. Cite outro tipo de tecido que forma o estômago.

_____

Sistemas do corpo humano

Para fazer juntos!

Junte-se a dois colegas e conversem sobre os itens abaixo.

- Citem algumas modificações que os alimentos sofrem no corpo humano após serem ingeridos.
- Conversem sobre os principais órgãos envolvidos nessas modificações do alimento ingerido.

Ao refletir sobre a atividade anterior, você e seus colegas certamente citaram diferentes órgãos trabalhando em conjunto para realizar a digestão.

O conjunto de órgãos que trabalham juntos para desempenhar uma função específica no organismo corresponde a um **sistema**. Existem diversos sistemas no corpo humano. Veja alguns deles a seguir.

Representações sem proporção de tamanho. Cores-fantasia.

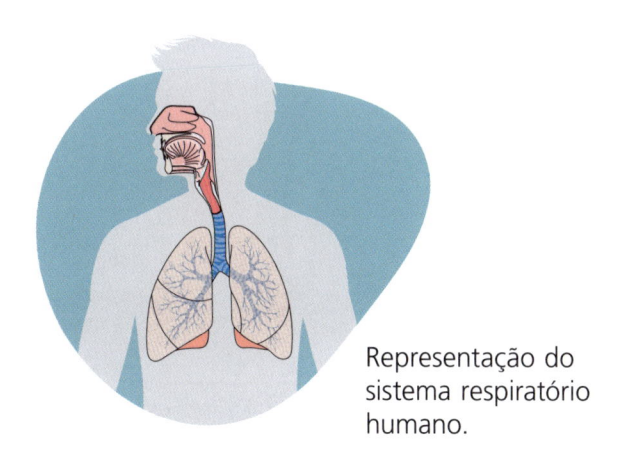

Representação do sistema respiratório humano.

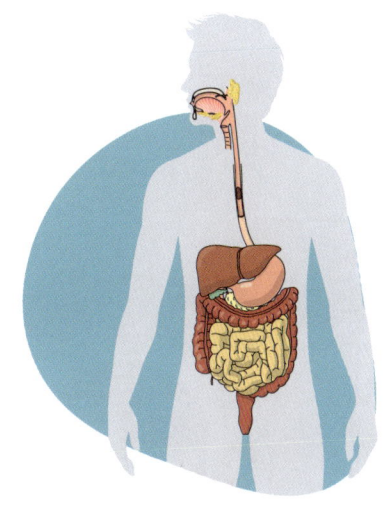

Representação do sistema digestório humano.

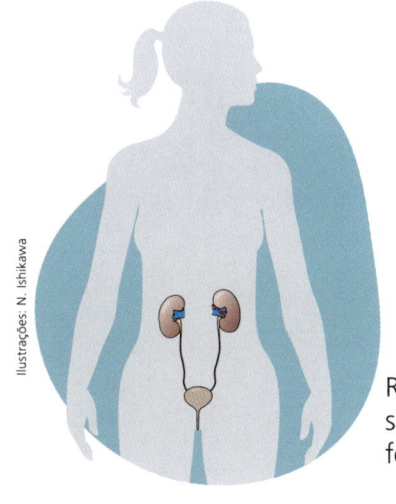

Representação do sistema urinário feminino humano.

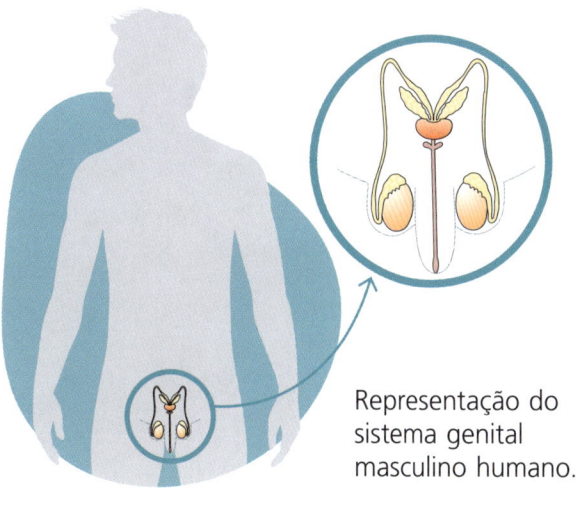

Representação do sistema genital masculino humano.

Ilustrações: N. Ishikawa

Agora, vamos conhecer um pouco mais sobre outros sistemas do corpo humano.

Sistema nervoso

O sistema nervoso é formado por diferentes órgãos e estruturas, como mostra a imagem ao lado.

Esse sistema realiza diversas funções em nosso organismo. Além de coordenar outros sistemas do corpo humano, ele recebe, interpreta e gera respostas a estímulos do próprio corpo e do ambiente.

Observe a situação abaixo.

encéfalo

medula espinal

nervos

Representação sem proporção de tamanho. Cores-fantasia.

Representação do sistema nervoso humano.

Tudo o que percebemos do ambiente por meio dos órgãos dos sentidos é identificado e interpretado pelo sistema nervoso.

Além disso, o sistema nervoso é responsável por controlar a liberação de suor, a fome, a sede, a necessidade de dormir, a vontade de rir e de chorar, entre outras.

As contrações musculares que nos permitem pedalar, andar, correr, pular, por exemplo, são coordenadas pelo sistema nervoso.

Criança andando de bicicleta.

Algumas atividades que realizamos, como andar, sentar e pegar objetos, dependem da nossa vontade para ser realizadas. Elas são chamadas **ações voluntárias**.

Outras atividades que o nosso corpo realiza não dependem da nossa vontade para serem realizadas, como a respiração, a digestão, os batimentos cardíacos, entre outras. Elas são chamadas **ações involuntárias**. Tanto as ações voluntárias quanto as involuntárias são coordenadas pelo sistema nervoso.

Sistema locomotor

Divirta-se e aprenda

Vamos alongar! Agora, você e seus colegas vão fazer dois exercícios de alongamento. Para isso, reproduza os movimentos apresentados nas imagens abaixo. Permaneça em cada posição por 30 segundos e repita o movimento com o outro lado do corpo, também por 30 segundos.

Exercício de alongamento do membro superior direito e de parte do tronco.

Exercício de alongamento do membro inferior direito.

- Cite algumas partes do corpo que você movimentou ao fazer esses alongamentos.

Os movimentos que você realizou na atividade anterior e que você realiza em seu dia a dia são resultado da ação conjunta do **sistema esquelético**, do **sistema muscular** e das **articulações**. Esse trabalho conjunto é coordenado pelo **sistema nervoso**.

Vamos conhecer um pouco mais sobre os sistemas e estruturas envolvidos nos movimentos do corpo.

Sistema esquelético

1. Apalpe diferentes regiões de um de seus braços e de uma de suas mãos. Você perceberá que existem estruturas rígidas neles. Qual é o nome dessas estruturas?

2. Você acha que essas estruturas estão presentes em outras partes do seu corpo? Em caso afirmativo, cite algumas delas.

Os ossos são estruturas rígidas, formadas principalmente por tecido ósseo.

Os ossos são responsáveis por diferentes funções no organismo, como:

- sustentar o corpo;
- proteger alguns órgãos internos do corpo, como pulmões, coração e encéfalo;
- auxiliar em diversos movimentos que o corpo realiza.

Representação de parte do esqueleto humano. As costelas e o esterno são ossos do corpo humano que protegem diferentes órgãos, como os pulmões.

Representação sem proporção de tamanho. Cores-fantasia.

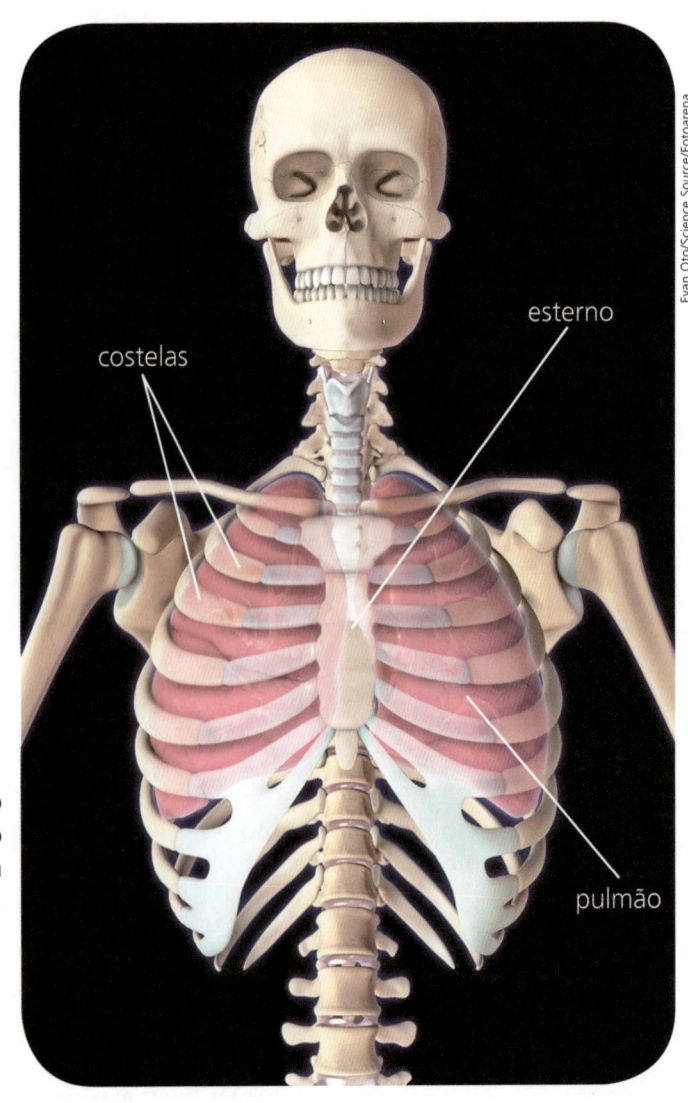

O conjunto dos ossos do corpo humano forma o **esqueleto**. Esse esqueleto é composto por ossos de diferentes tamanhos e formatos. Veja a seguir.

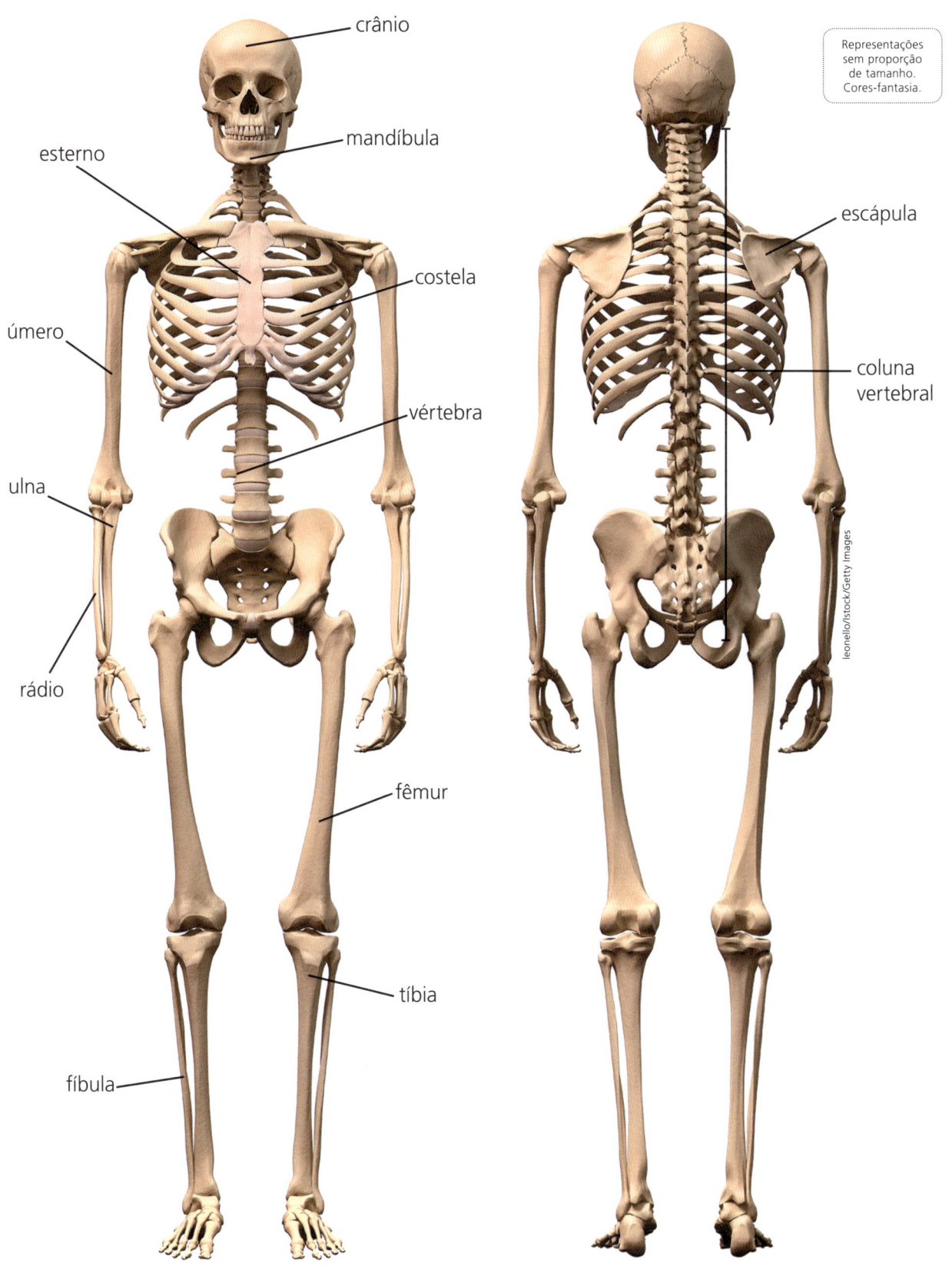

Representações sem proporção de tamanho. Cores-fantasia.

- crânio
- mandíbula
- esterno
- costela
- úmero
- vértebra
- ulna
- rádio
- fêmur
- tíbia
- fíbula
- escápula
- coluna vertebral

Representação do esqueleto humano visto de frente.

Representação do esqueleto humano visto de costas.

Articulações

A arte circense inclui diversas apresentações artísticas realizadas em circos. Entre as atrações artísticas, podemos citar os contorcionistas.

Os contorcionistas apresentam grande flexibilidade, o que permite a eles realizar diversos movimentos com o corpo, assumindo diferentes posições.

Contorcionistas durante apresentação em circo na Mongólia, em 2015.

3. As contorcionistas não conseguiriam realizar os movimentos se as partes do corpo não se dobrassem. Como você acha que é possível dobrarmos partes do corpo?

Os ossos são estruturas rígidas que fazem parte do esqueleto. Apesar disso, somos capazes de dobrar algumas partes do corpo. Isso é possível graças às articulações.

Representação sem proporção de tamanho. Cores-fantasia.

Essa articulação permite à contorcionista dobrar o cotovelo.

osso — cartilagem — osso

As **articulações** são os pontos de contato entre os ossos e entre eles e as cartilagens. As articulações ajudam a promover a união entre ossos ao mesmo tempo que participam da realização de diferentes movimentos do corpo humano.

As articulações não são todas iguais. Algumas delas permitem movimentos amplos, enquanto outras praticamente não se movem. Por isso, as articulações podem ser do tipo móvel, semimóvel e imóvel. Veja a seguir.

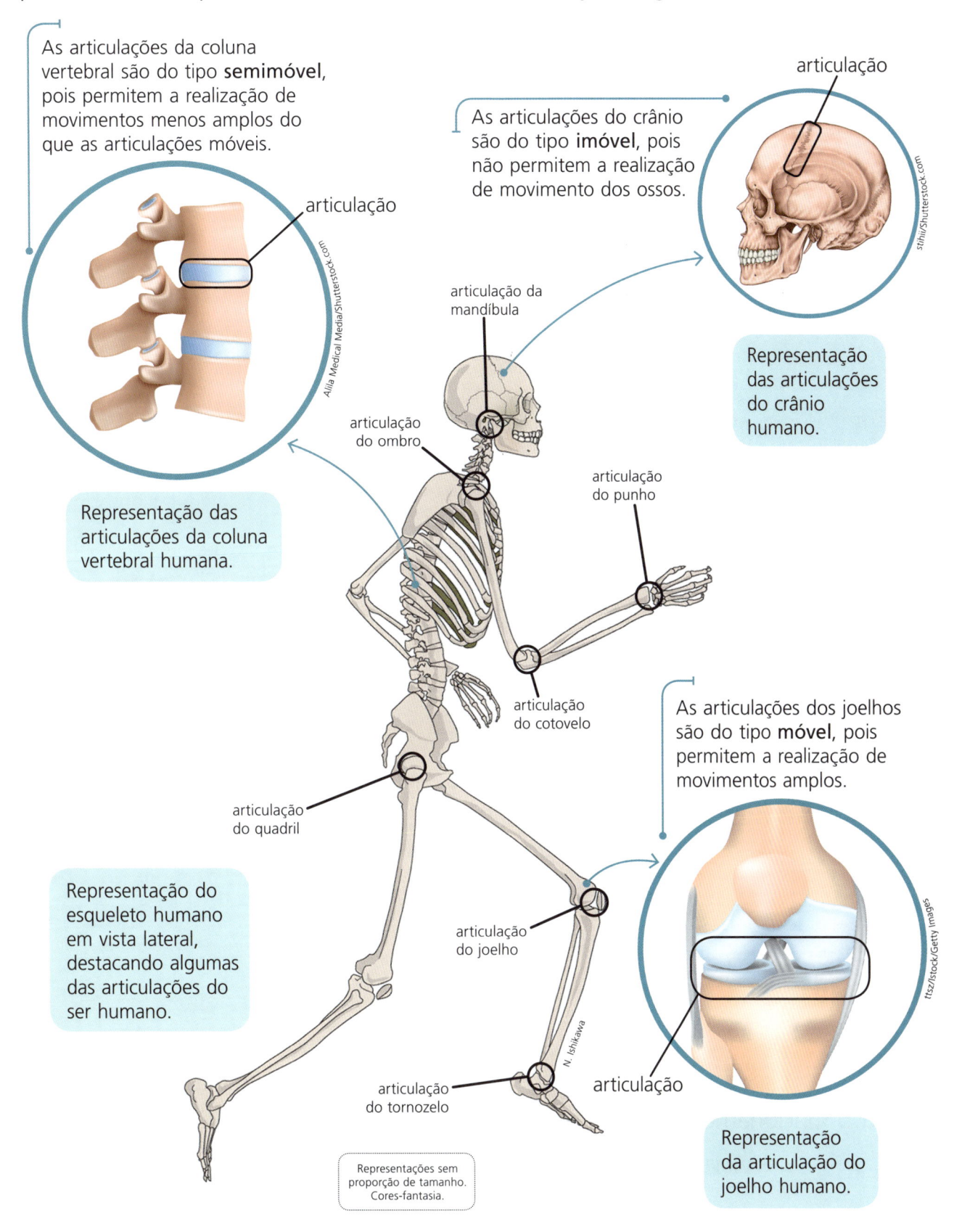

As articulações da coluna vertebral são do tipo **semimóvel**, pois permitem a realização de movimentos menos amplos do que as articulações móveis.

Representação das articulações da coluna vertebral humana.

As articulações do crânio são do tipo **imóvel**, pois não permitem a realização de movimento dos ossos.

Representação das articulações do crânio humano.

articulação da mandíbula

articulação do ombro

articulação do punho

articulação do cotovelo

articulação do quadril

As articulações dos joelhos são do tipo **móvel**, pois permitem a realização de movimentos amplos.

Representação do esqueleto humano em vista lateral, destacando algumas das articulações do ser humano.

articulação do joelho

articulação do tornozelo

articulação

Representação da articulação do joelho humano.

Representações sem proporção de tamanho. Cores-fantasia.

Cento e trinta e três 133

Sistema muscular

Segure seu braço esquerdo com a mão direita (**A**). Movimente o antebraço esquerdo (**B**).

A

B

Representações sem proporção de tamanho. Cores-fantasia.

Ilustrações: Edson Farias

Representação da posição da mão direita no braço esquerdo.

Representação dos movimentos do antebraço.

4. O que você sentiu ao movimentar o antebraço?

Ao realizar a atividade anterior, você deve ter percebido pequenas movimentações no braço. Essas movimentações são resultado da ação de alguns músculos do seu corpo. Nem sempre percebemos essa ação, mas existem diversos músculos atuando no nosso corpo, até mesmo quando estamos em repouso.

O tecido muscular é formado por células que se contraem e relaxam. Ao se contraírem, e relaxarem, os músculos produzem movimentos.

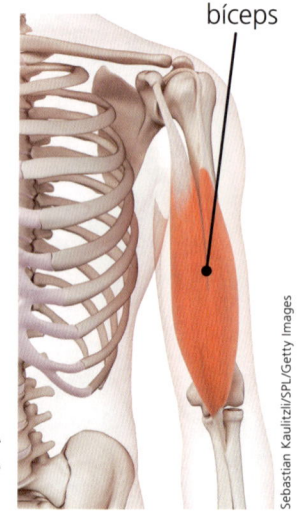

bíceps

Sebastian Kaulitzki/SPL/Getty Images

Representação do bíceps humano no braço esquerdo. A movimentação que você sentiu ao realizar a atividade acima é resultado da ação, principalmente, do músculo chamado bíceps.

Aprenda mais!
Músculos

No *site* do *Canal Kids* você encontra mais informações sobre os músculos que participam do sistema locomotor e de outros que também contribuem para o funcionamento do nosso corpo.

<www.canalkids.com.br/saude/corpo/musculos.htm>

Acesso em: 8 jan. 2018.

O corpo humano é formado por diferentes músculos. Observe a seguir.

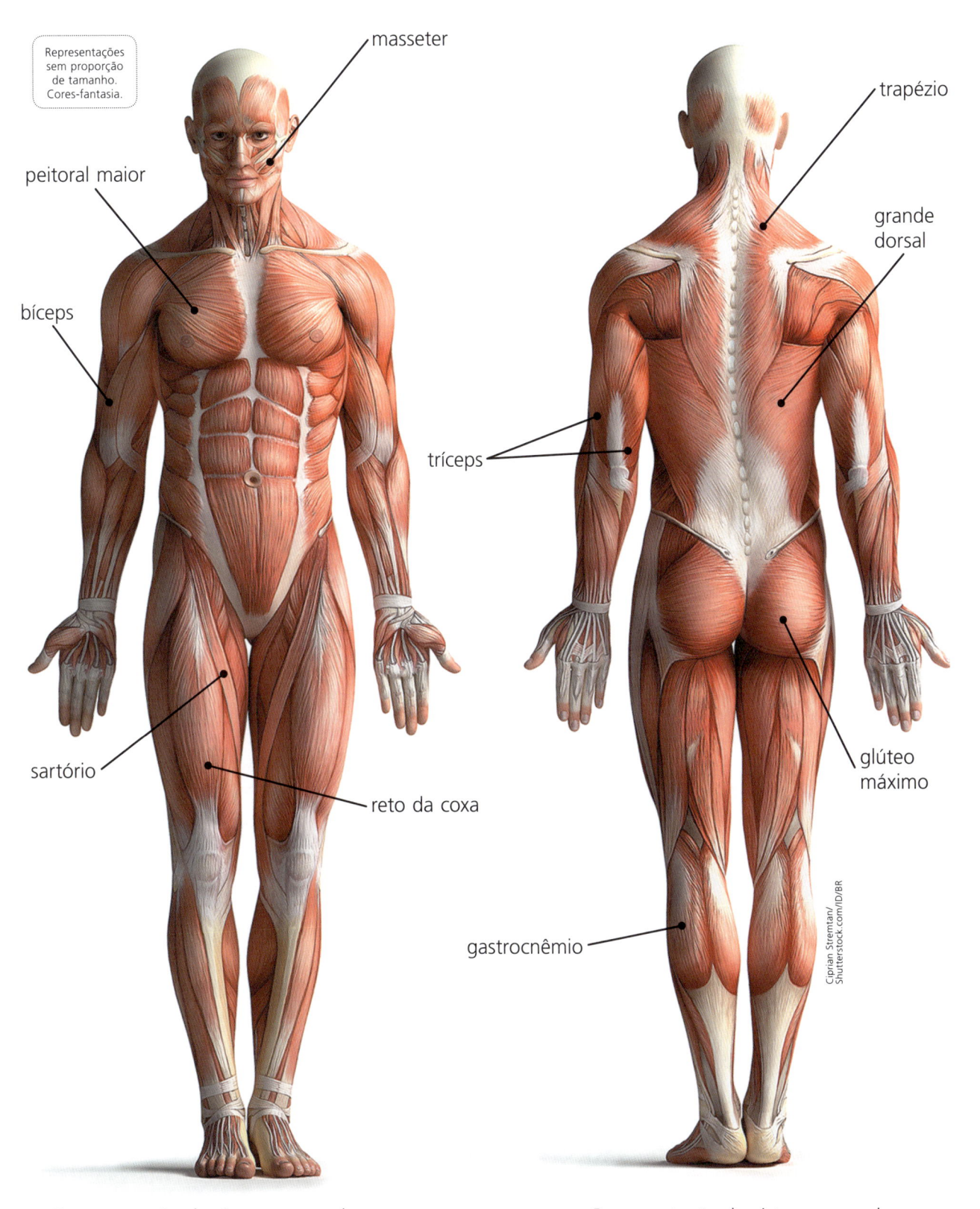

Representações sem proporção de tamanho. Cores-fantasia.

- masseter
- peitoral maior
- bíceps
- sartório
- reto da coxa
- trapézio
- grande dorsal
- tríceps
- glúteo máximo
- gastrocnêmio

Representação do sistema muscular do corpo humano visto de frente.

Representação do sistema muscular do corpo humano visto de costas.

5. Cite o nome de três músculos. Depois, localize-os em seu corpo.

Por dentro do tema

Saúde

Problemas na coluna vertebral

Postura errada, sedentarismo e obesidade favorecem a escoliose

Postura errada, sedentarismo e obesidade favorecem a escoliose. *Revista News*, 2 jan. 2017. Disponível em: <https://revistanews.com.br/2018/01/02/postura-errada-sedentarismo-e-obesidade-favorecem-a-escoliose/>. Acesso em: 2 jan. 2018.

Você sabe o que é escoliose? Esse pode ser um termo estranho a você, mas ele se refere a um problema de saúde que é cada vez mais comum e que altera a curvatura da coluna vertebral.

A coluna vertebral apresenta algumas curvaturas normais. Essas curvaturas auxiliam no equilíbrio do corpo, ajudam a manter a posição ereta e protegem a coluna contra lesões.

Algumas pessoas apresentam deformidades nas curvaturas da coluna, como os citados na manchete. Alguns cuidados diários, como a manutenção da postura adequada ao andar, sentar ou realizar atividades do dia a dia, auxiliam a evitar alterações na curvatura da coluna vertebral. Veja abaixo alguns tipos de curvaturas anormais da coluna vertebral humana.

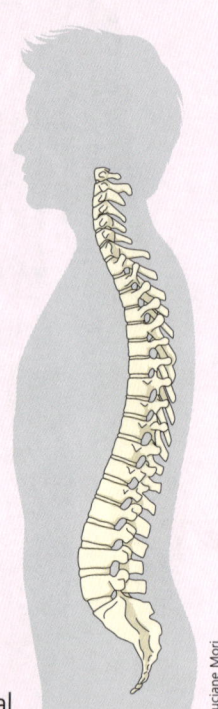

Representação da curvatura normal da coluna vertebral.

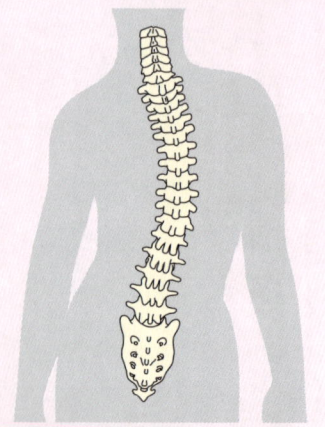

Representações sem proporção de tamanho. Cores-fantasia.

Representação de coluna vertebral com escoliose.

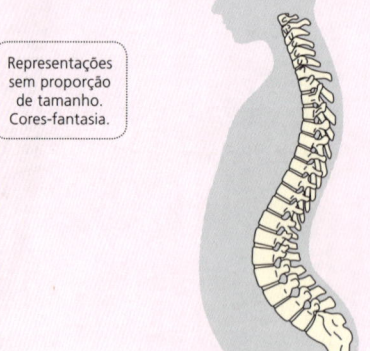

Representação de coluna vertebral com hiperlordose.

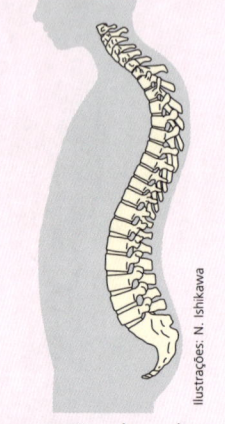

Representação de coluna vertebral com hipercifose.

Esses problemas podem ser causados por diversos fatores. Um deles está relacionado às atividades do dia a dia realizadas de forma inadequada, como sentar-se nas cadeiras com postura incorreta.

Usar incorretamente a mochila escolar também pode prejudicar a coluna vertebral. Veja a seguir algumas características que as mochilas escolares devem ter para evitar problemas na coluna vertebral.

Duas alças para distribuir igualmente o peso da mochila. Essas alças devem ser largas e acolchoadas para não comprimir os ombros. Utilizar sempre as duas alças da mochila, uma em cada ombro, e ajustá-las de maneira que a mochila fique cerca de 5 cm acima da cintura.

A mochila deve ter a parte posterior acolchoada e resistente para proteger as costas de objetos que possam causar desconforto.

A mochila com rodas deve ter uma altura adequada para que a criança não precise abaixar para puxá-la, ficando com a postura alinhada e reta.

A massa da mochila deve ter no máximo 10% da massa do aluno.

Uma tira na região da cintura para que o peso da mochila fique distribuído uniformemente. Ajustar essa tira de maneira que a mochila fique encostada nas costas.

Crianças utilizando mochilas escolares adequadas para o cuidado com a coluna vertebral.

a. Como você acha que o sedentarismo e a obesidade podem prejudicar a coluna vertebral?

b. Você usa sua mochila escolar da maneira correta? Que atitudes você precisa melhorar para proteger sua coluna vertebral?

A ação conjunta dos ossos, músculos e articulações permite que movimentemos nosso corpo.

Quando fazemos esse movimento, o músculo bíceps se contrai e puxa o osso chamado rádio.

Quando fazemos esse movimento, o bíceps relaxa e o tríceps se contrai, puxando o rádio.

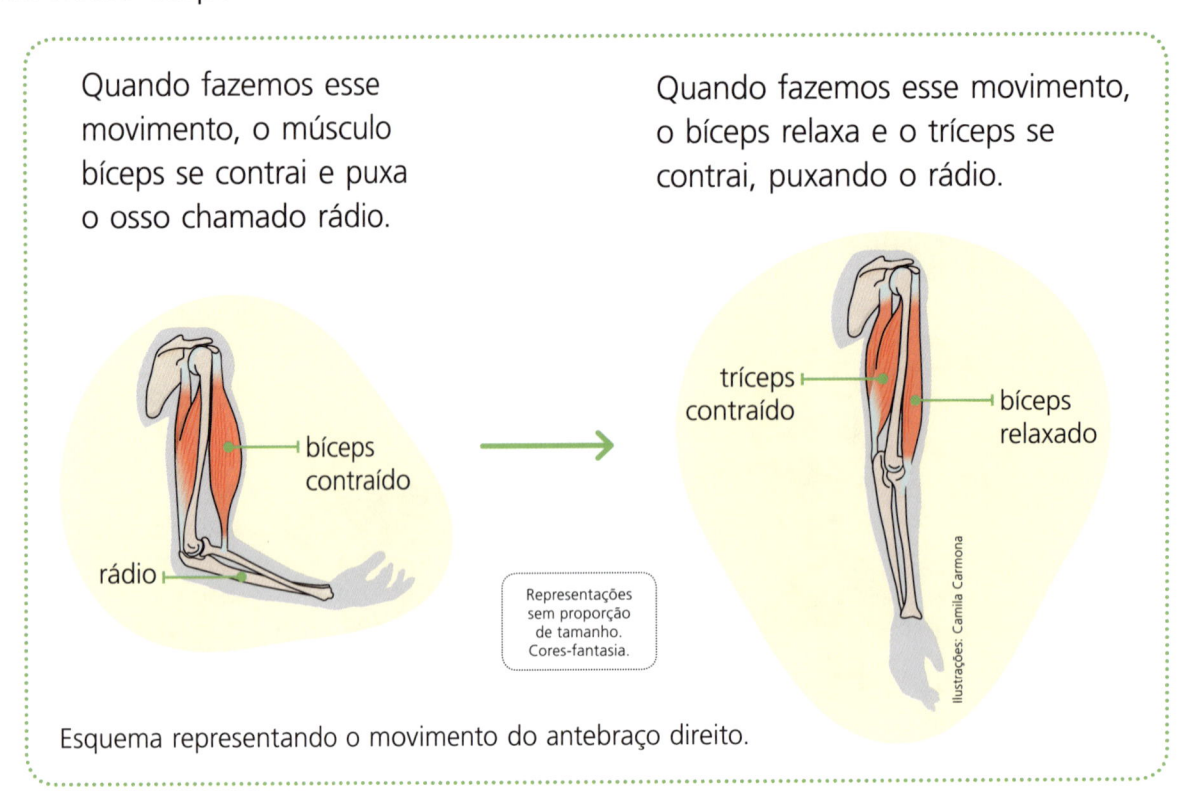

bíceps contraído

rádio

tríceps contraído

bíceps relaxado

Representações sem proporção de tamanho. Cores-fantasia.

Ilustrações: Camila Carmona

Esquema representando o movimento do antebraço direito.

Pratique e aprenda

Imagens sem proporção entre si.

1. Observe os seis objetos abaixo durante um minuto.

Garfo.

Borracha escolar.

Guarda-chuva.

Chinelos.

Óculos.

Tesoura.

a. Feche o livro e escreva no caderno o nome de todos os objetos que você lembrar. De quantos objetos você se lembrou?

b. Qual foi o principal sistema do corpo humano que você utilizou para lembrar os objetos citados no item **a**?

_____

2. Rivaldo caiu e fraturou um osso da perna. O médico lhe pediu que fizesse uma radiografia.

a. Pesquise na internet ou em livros o que é radiografia e qual é a sua importância. Anote as informações no caderno e apresente oralmente o resultado de sua pesquisa aos colegas.

b. Marque um **X** na radiografia abaixo que apresenta uma fratura óssea. Em seguida, conte aos colegas como você identificou essa radiografia.

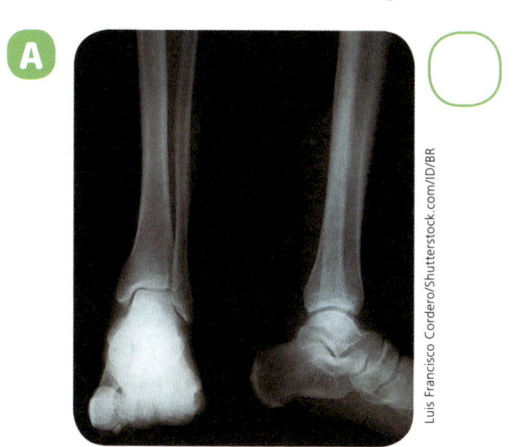

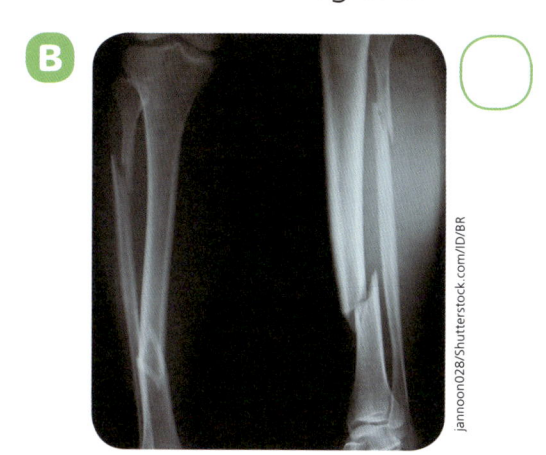

A　　　　　　　　　　　　　　**B**

3. Observe as fotos abaixo.

A　　　**B**

a. Quais estruturas do corpo humano nos permitem realizar diferentes expressões faciais?

_____

b. O que provavelmente essa criança está sentindo em cada uma dessas situações? Converse com os colegas sobre essas situações.

4. Veja abaixo alguns cuidados que devemos ter ao sentar na cadeira na sala de aula.

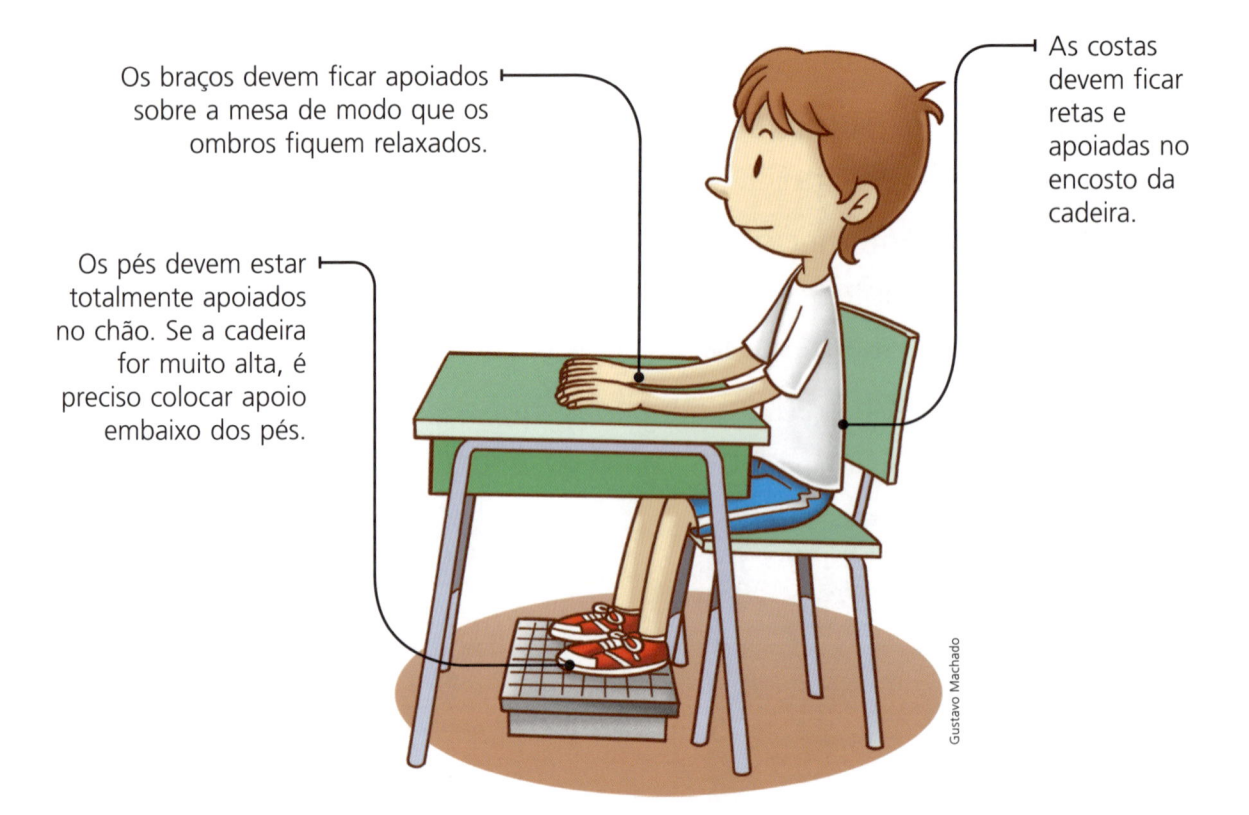

Os braços devem ficar apoiados sobre a mesa de modo que os ombros fiquem relaxados.

As costas devem ficar retas e apoiadas no encosto da cadeira.

Os pés devem estar totalmente apoiados no chão. Se a cadeira for muito alta, é preciso colocar apoio embaixo dos pés.

Gustavo Machado

- Agora, faça uma autoavaliação da maneira como você está sentado na cadeira. Você precisa corrigir sua postura ao se sentar na cadeira? De que maneira?

___

___

___

Ponto de chegada

1. Faça um esquema representando os níveis de organização do corpo humano, do maior nível para o menor nível.

2. Retorne à cena apresentada na página **128** e cite duas ações voluntárias e duas ações involuntárias presentes nessa cena.

3. Retorne à atividade prática que você realizou na página **134** e explique com suas palavras a ação das estruturas envolvidas na movimentação de seu braço.

Glossário

A

Agrotóxicos (p. 116) → produtos utilizados em plantações que ajudam a proteger as plantas cultivadas contra a ação de outros seres vivos (pragas agrícolas) que poderiam prejudicar o desenvolvimento da lavoura.

O uso excessivo e sem os devidos cuidados pode causar danos ao meio ambiente e à saúde do ser humano e de outros seres vivos. Por isso, os agrotóxicos devem ser aplicados com responsabilidade, e somente com a orientação de profissionais e com o uso de equipamentos adequados.

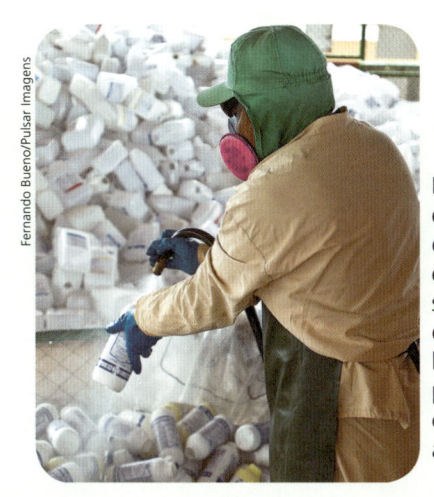

Pessoa lavando embalagens vazias de agrotóxicos. As embalagens devem ser armazenadas e descartadas em locais adequados para evitar a contaminação do ambiente.

Algas (p. 114) → termo que se refere aos seres vivos aquáticos formados por uma ou mais células, que apresentam núcleo organizado. Esses seres vivos realizam fotossíntese e são responsáveis pela maior parte da produção de gás oxigênio nos mares e oceanos. Apresentam tamanhos variáveis, podendo ser microscópicas ou ter vários metros de comprimento. São essenciais às cadeias alimentares aquáticas, nas quais desempenham um papel semelhante ao das plantas no ambiente terrestre, fixando a energia da luz solar.

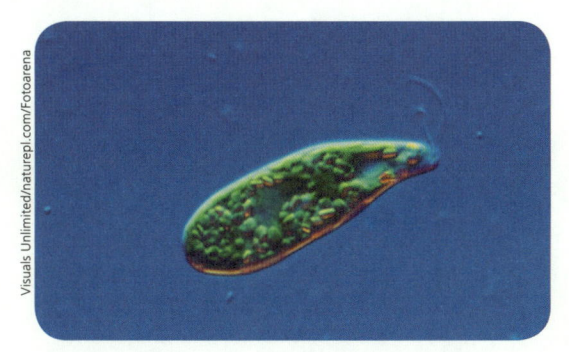

Alga microscópica. Imagem obtida por um microscópio e ampliada cerca de 200 vezes.

Alga-gigante: pode atingir cerca de 45 m de comprimento.

Algas-gigantes no oceano Pacífico próximo à Califórnia, Estados Unidos, em 2017.

Anemômetro (p. 69) → é um instrumento que mede a velocidade e a direção do vento.

Anemômetro.

C

Célula de defesa (p. 120) → também conhecida como glóbulo branco, é um tipo de célula do sangue responsável pela defesa do organismo. Os glóbulos brancos destroem agentes invasores que possam causar danos ao organismo, bem como produzem e liberam substâncias que auxiliam nessa proteção. Existem diferentes tipos de células de defesa que desempenham funções específicas no organismo.

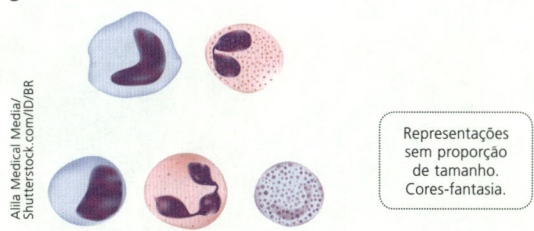

Representações sem proporção de tamanho. Cores-fantasia.

Representação dos diferentes tipos de glóbulos brancos encontrados no sangue humano.

Cordilheira (p. 67) → conjunto de montanhas de grande extensão. A Cordilheira dos Andes, por exemplo, é um conjunto de montanhas que se localiza na América do Sul e que se formou a partir do choque entre duas placas tectônicas.

Cordilheira dos Andes na Argentina, em 2015.

Cortiça (p. 122) → casca espessa e rugosa, bastante leve, que reveste o caule e os ramos de várias árvores, especialmente do sobreiro. Muito utilizada na produção de rolhas.

Cortiça.

Crustáceo (p. 114) → pode ser encontrado tanto em ambiente aquático quanto terrestre. Entre as características dos crustáceos, podemos citar a respiração branquial ou cutânea e a presença de dois pares de antenas. Alguns podem apresentar uma carapaça que protege o corpo. Caranguejo, camarão, lagostim e tatuzinho-de-jardim são exemplos de crustáceos.

carapaça · 2º par de antenas · 1º par de antenas

Lagostim: pode atingir cerca de 6 cm de comprimento.

Lagostim.

G

Gravura (p. 77) → é uma técnica artística que permite imprimir várias cópias de uma mesma imagem a partir de uma matriz. Essa matriz pode ser de diferentes materiais, como madeira. Nesse caso, a técnica recebe o nome de xilogravura.

Gravura, de Lalbum, mostrando uma casa de madeira usada para fins militares. Imagem publicada no *Jornal Literário e de Belas Artes*, em 1840.

Glicose (p. 79) → tipo de açúcar que serve como principal fonte de energia para os seres vivos. A glicose é produzida pelas plantas por meio da fotossíntese e pode ser obtida pelos animais por meio da alimentação.

Glândulas (p. 124) → estruturas especializadas na produção e liberação de substâncias, que podem ser liberadas no sangue, na superfície do corpo ou nas cavidades dele, como o estômago. O corpo humano apresenta diferentes tipos de glândulas, como os ovários, os testículos, o pâncreas, a hipófise e as glândulas sudoríferas.

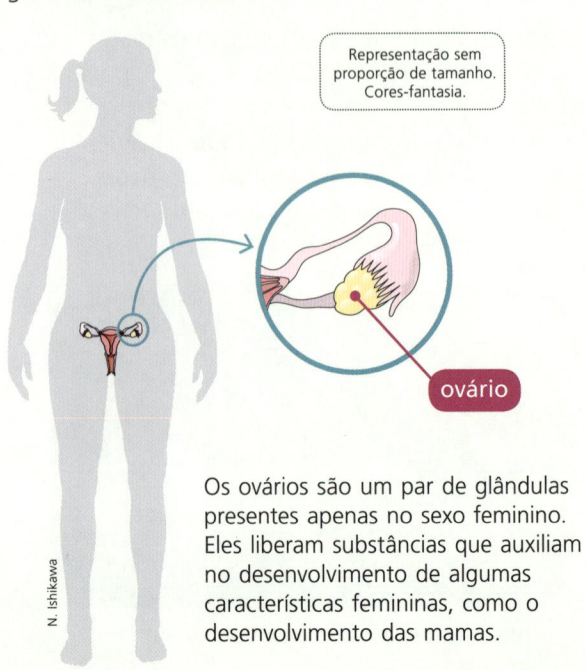

Representação sem proporção de tamanho. Cores-fantasia.

ovário

Os ovários são um par de glândulas presentes apenas no sexo feminino. Eles liberam substâncias que auxiliam no desenvolvimento de algumas características femininas, como o desenvolvimento das mamas.

M

Meio de cultura (p. 84) → é uma mistura de diferentes substâncias que permite o crescimento e o desenvolvimento de seres vivos em laboratório, como fungos e bactérias. Esse meio contém todas as substâncias necessárias ao crescimento dos seres vivos. Por isso, existem diferentes meios de cultura para diferentes espécies de seres vivos e diferentes finalidades de estudo.

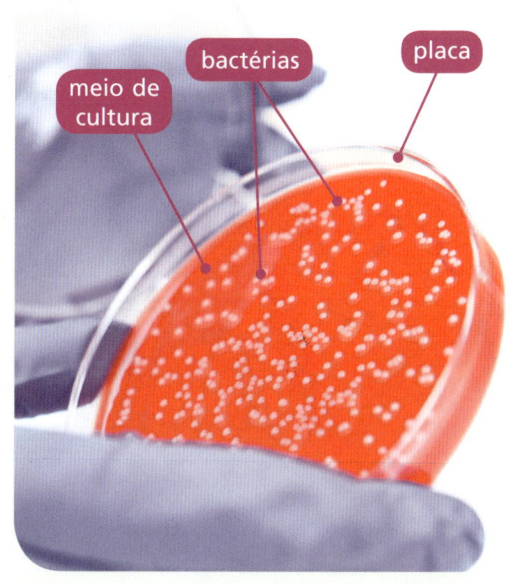

Pessoa segurando placa com cultura de bactérias *Escherichia coli*.

P

Pontos cardeais (p. 18) → são direções utilizadas para orientação no espaço terrestre. Existem quatro pontos cardeais: Norte (N), Sul (S), Leste (L) e Oeste (O). Eles são muito utilizados em diversos instrumentos de orientação, como as bússolas e os mapas.

Rosa dos ventos. Essa representação é utilizada para indicar os pontos cardeais.

Pragas agrícolas (p. 116) → seres vivos ou agentes causadores de doenças que causam prejuízos às plantações.

R

Ressacas (p. 39) → fenômeno que ocorre quando o nível do mar sobe e as ondas se tornam maiores. Essa alteração ocorre quando o vento em alto-mar sopra com mais força em direção à costa, impulsionando as ondas para as praias, por exemplo.

Destruição de calçadão da Praia da Macumba pelo avanço da água do mar durante ressaca na cidade do Rio de Janeiro, em 2017.

S

Satélites artificiais (p. 69) → equipamentos construídos pelo ser humano e que são lançados ao espaço para os mais variados fins. Esses equipamentos ficam em órbita ao redor de um corpo no espaço, como a Terra.

Os satélites artificiais podem obter imagens da Terra e de outros astros no Universo além de auxiliar na comunicação, captando sinais de rádio e televisão.

Representação sem proporção de tamanho. Cores-fantasia.

Representação de alguns dos satélites artificiais em órbita na Terra.

Bibliografia

ATKINS, Peter; JONES, Loretta. *Princípios de química*: questionando a vida moderna e o meio ambiente. 3. ed. Porto Alegre: Bookman, 2006.

ASTOLFI, Jean-Pierre; DEVELAY, Michel. *Didática das Ciências*. Campinas: Papirus, 1990.

BAIRD, Colin; CANN, Michael. *Química ambiental*. 4. ed. Porto Alegre: Bookman, 2011.

BEGON, Michael et al. *Ecologia*: de indivíduos a ecossistemas. 4. ed. Porto Alegre: Artmed, 2007.

CAMPBELL, Neil A.; REECE, Jane B. *Biology*. 8. ed. São Francisco: Pearson Benjamin Cummings, 2008.

CAVINATTO, Vilma Maria. *Saneamento básico*: fonte de saúde e bem-estar. São Paulo: Moderna, 2003.

CHIANCA, Leonardo do A.; SALEM, Sônia. *Água*. São Paulo: Ática, 2006.

DELERUE, Alberto. *O Sistema Solar*. Rio de Janeiro: Ediouro, 2002. São Paulo: Ediouro, 2000 (Coleção De olho na Ciência).

GUYTON, Arthur C.; HALL, John E. *Tratado de Fisiologia Médica*. 8. ed. Rio de Janeiro: Guanabara Koogan, 1992.

HEWITT, Paul G. *Física Conceitual*. 3. ed. Porto Alegre: Bookman, 2002.

HICKMAN, Cleveland P.; ROBERTS, Larry S.; LARSON, Allan. *Princípios integrados de Zoologia*. 11. ed. Rio de Janeiro: Guanabara Koogan, 2001.

JUNQUEIRA, Luiz Carlos Uchôa; CARNEIRO, José. *Biologia celular e molecular*. Rio de Janeiro: Guanabara Koogan, 2005.

MATSUURA, Oscar. *Atlas do Universo*. São Paulo: Scipione, 1996.

MICHEL, François; LARVOR, Yves. *O livro da água*. São Paulo: Melhoramentos, 1997.

MOURÃO, Ronaldo Rogério de Freitas. *Dicionário enciclopédico de Astronomia e Astronáutica*. Rio de Janeiro: Nova Fronteira, 1995.

ODUM, Eugene P.; BARRETT, Gary W. *Fundamentos de Ecologia*. São Paulo: Cengage Learning, 2008.

PRESS, Frank et al. *Para entender a Terra*. 4. ed. Porto Alegre: Bookman, 2006.

PURVES, William K. *Vida*: a ciência da Biologia. 6. ed. Porto Alegre: Artmed, 2002.

REY, L. *Parasitologia*. 4. ed. Rio de Janeiro: Guanabara Koogan, 2008.

SCHMIDT-NIELSEN, Knut. *Fisiologia animal*: adaptação e meio ambiente. 5. ed. São Paulo: Santos Editora, 2002.

TAIZ, Lincoln; ZEIGER, Eduardo. *Fisiologia vegetal*. 3. ed. Porto Alegre: Artmed, 2004.

TORTORA, Gerard J. et al. *Corpo humano*: fundamentos de Anatomia e Fisiologia. Porto Alegre: Artmed, 2000.

_____. *Microbiologia*. Porto Alegre: Artmed, 2005.